AF597852

Papel certificado por el Forest Stewardship Council®

Primera edición: noviembre de 2025
Cuarta reimpresión: febrero de 2026

Printed in Spain – Impreso en España

ISBN: 978-84-10396-80-7
Depósito legal: B-16.339-2025

Compuesto por Mireia de No Honrubia
Impreso en Gómez Aparicio, S. L.
Casarrubuelos (Madrid)

GT 96807

Cocina con Coqui

Recetas con sabor a Asia

@cocinaconcoqui

montena

¡G-R-A-C-I-A-S!

Gracias por hacerme un huequito en tu casa y tener este libro entre tus manos ahora mismo.

Ojalá lo uses, lo subrayes, lo manches... ¡Sería señal de que lo estás aprovechando a tope!

Este libro es muy especial para mí. Lo he hecho con mucho mimo. Hacerlo ha sido divertido y estresante a partes iguales, pero ha valido la pena porque estoy muy orgullosa del resultado. No sé si me ha salido perfecto (problablemente no), ¡pero se ha intentado!

Espero que disfrutes haciendo las recetitas, que te animes a probar cosas nuevas, y que algún plato de este libro se quede contigo mucho tiempo.

Gracias de nuevo,

Cocae

Índice

HOLA, ¡SOY COCO!

Nací en China y desde los seis años vivo en España. Mis padres vinieron buscando un futuro mejor y, desde entonces, he hecho mi vida entera aquí: amistades, estudios, experiencias... A veces me he sentido entre dos mundos, pero con el tiempo me he dado cuenta de que justo es esa mezcla lo que ha dado forma a mi cocina... y a mí.

Durante unos años vivimos dentro del restaurante de mi tío, donde mi padre trabajaba en la cocina. No era lo más legal del mundo, pero fue una etapa que recuerdo con mucho cariño. Yo era pequeña y me pasaba las tardes viendo cómo mi padre cocinaba: cortaba verduras, preparaba salsas, movía el wok con fuerza. A veces me dejaba cascar huevos o ayudar con algo. También me acuerdo de que con siete años ya me levantaba para hacerle el bocadillo a mi hermana mayor. Siempre me ha gustado meterme en la cocina.

En casa, cocinar ha sido siempre una forma de cuidar. Mis padres no eran de hablar mucho o de preguntar cómo estaba, pero se aseguraban de que nunca me faltara un plato caliente. Y eso se me quedó. Me encanta cocinar para los demás. Es algo que me hace muy feliz. (Sé que suena cursi, pero es verdad).

Estuve a punto de estudiar cocina, pero entre mis padres y mis profes me convencieron de que era un camino muy duro, así que terminé estudiando nutrición, pensando que al menos tenía algo que ver con la comida. No era lo mío, pero allí conocí a Iván, mi compañero de vida. Cuando acabamos la carrera, nos fuimos a vivir a un pueblo pequeñito, y fue ahí cuando decidí abrir una cuenta para compartir mis recetas. Le dije: «Voy a probar esto durante un año. Sin presión. A ver qué pasa».

Y lo que pasó fue que funcionó. Lo grababa todo con el móvil, de forma muy casera (tirando a cutre), pero gustaba. La gente cocinaba las recetas, me escribía, las compartía… y eso me animó a seguir. Cuatro años después, estoy aquí, escribiendo mi primer libro.

Siempre me he sentido un poco híbrida: por fuera soy china, pero por dentro estoy muy hecha a la española. Y mi cocina también es así. Tiene base asiática, sí, pero es una cocina sencilla, pensada para el día a día, algo mediterránea y con ingredientes fáciles de encontrar. No busco hacer recetas 100 % fieles a las originales ni ser la más purista; busco platos con sabor y que den ganas de ponerse a cocinar.

Este libro va justo de eso. Es un puente entre culturas, entre lo que fui, lo que soy y lo que me ha traído hasta aquí. Ojalá encuentres en estas páginas recetas que te inspiren, te entren por los ojos y te hagan sentir —como me pasa a mí— que cocinar también es una forma de contar quién eres.

Antes de empezar a cocinar...

Qué comprar en el súper asiático

Ir a un súper asiático puede ser un poco abrumador si no sabes qué buscar. Pero tranqui, aquí te dejo una lista con lo que es imprescindible para mí y lo que mola tener, pero no es obligatorio.

Imprescindibles (o lo que siempre tengo en casa)

Salsa de soja. Yo no me complico: uso una normal y corriente. Nunca compro la dulce porque prefiero ajustar el dulzor con azúcar o miel si hace falta. Verás que hay mil marcas, no te agobies, cualquiera vale.

Aceite de sésamo. Unas gotas al final del plato y ya consigues ese «toque asiático». Míralo bien antes de comprar, porque a veces mezclan sésamo con otros aceites. Yo siempre busco que sea 100 % sésamo tostado.

Gochujang. Es una pasta de chile coreano picante y ligeramente dulce. Sirve para salsas, guisos, salteados y para marinar carne o pescado (queda brutal con salmón o atún para hacer un poke bowl). Algunos envases indican el nivel de picante (cuantos más chiles en la etiqueta, más picante). Una vez abierto, guárdalo en la nevera.

Panko. El clásico pan rallado japonés. Queda mucho más crujiente y aireado que el pan rallado que se suele usar en España. Te recomiendo comprar un paquete grande, porque estoy segura de que lo usarás mucho.

Laoganma. Creo que es mi salsa picante china favorita. Hay muchas versiones: con tofu, cacahuetes, frijoles, etc. Yo suelo comprar la que lleva cacahuetes, pero todas están buenas. La uso como topping en arroz, noodles, huevos, verduras, tofu… ¡Combina con todo!

Miso. Es una pasta de soja fermentada. Se usa para sopas, adobos, salsas, verduras, para todo. Hay varios tipos: Blanco (shiro miso): suave, dulce y más cremoso. Rojo (aka miso): más intenso, salado y con sabor profundo. Miso mixto (awase miso): mezcla de los dos. Yo uso el que pille, sinceramente. Todos duran muchísimo en la nevera y te salvan platos con una sola cucharada.

Salsa de soja

Aceite de sésamo

Gochujang

Panko

Laoganma

Miso

Mola tener **(pero puedes vivir sin ello)**

Salsa Hoisin. Salsa espesa y oscura, con un sabor dulce, salado y umami. Es la que se usa en el pato Pekín, pero también va genial para glasear carnes, saltear verduras o mojar rollitos.

Gochugaru. Son copos de chile coreano y es lo que se usa para hacer kimchi. También queda estupendo en salsas, salteados o como toque final para decorar platos. Hay de diferentes grosores: a mí me gusta el molido fino porque se integra mejor en las preparaciones.

Salsa de pescado. Es una salsa muy salada y con mucho umami. No la uso en grandes cantidades, pero unas gotitas pueden elevar el sabor de un caldo, unos fideos o un salteado.

Alga nori. Te recomiendo comprarla en paquetes pequeños. Si compras uno grande y no la usas rápido, se quedará muy blandita, y eso no lo soporto. Si se te ablanda, puedes tostarla unos segundos en una sartén caliente (vuelta y vuelta) y se vuelve crujiente otra vez.

Katsoubushi. Se usa para hacer dashi, pero también como topping (por ejemplo, en el okonomiyaki). Guárdalo bien cerrado y en un lugar seco, porque se estropea fácilmente.

Dashi en polvo. Solo necesitas agua caliente y una cucharadita de dashi en polvo, y ya tienes una sopa base con mucho sabor. Hacer dashi casero es posible, pero necesitas kombu, katsuobushi, tiempo y paciencia. Este en polvo es una maravilla: rápido, rico, y dura un montón.

Salsa Hoisin

Gochugaru

Salsa de pescado

Alga nori

Dashi en polvo

Katsoubushi

Medidas y cantidades

Muchas recetas del libro están medidas en vasos y cucharadas. Lo he hecho así para que te sea más cómodo al cocinar y no tengas que estar todo el rato pesando con la báscula. Eso sí, hay recetas que son más precisas y esas sí que las encontrarás con todos los ingredientes en gramos.

Estas son las medidas que he usado:

INGREDIENTES	CANTIDAD	EN GRAMOS O MILILITROS
Líquidos (agua, salsa de soja, caldos, etc.)	1 vaso 1 cs 1 cp	240 ml 15 ml 5 ml
Harina o maicena	1 vaso 1 cs	140 g 10 g
Azúcar	1 vaso 1 cs	200 g 15 g
Sal	1 cs 1 cp	18 g 8 g
Arroz crudo	1 vaso	220 g

Tabla de sustituciones

Sé que uno de los hándicaps a la hora de hacer recetas asiáticas son sus ingredientes «raros». Así que, si estás en medio de una receta y te das cuenta de que te falta algo, respira hondo: no pasa nada.

Te dejo esta tabla con las posibles sustituciones. Ten en cuenta que al cambiarlos, el resultado no será igual, pero aun así te quedará rico. Eso sí, cuantas más cosas cambies, más distinto será el resultado final.

INGREDIENTE	SUSTITÚYELO POR
Miso 1 cs	1 cs de tahini + 2 cs de salsa soja
Aceite de sésamo 1 cs	1 cs de aceite de oliva virgen extra
Panko 1 vaso	1 vaso de pan rallado o de corn flakes
Laoganma 1 cp	⅔ cp de paprika + ½ cp de aceite de oliva
Gochujang 1 cp	1 cp de salsa sriracha + ½ cp de miel
Jengibre 1 cp	½ cp de jengibre molido seco
Dashi 1 L	1 L de caldo de pollo/verduras
Salsa de pescado 1 cs	1 cs de salsa de soja + 1 cp de Worcestershire/Perrins
Salsa hoisin 3 cs	1 cs de crema de cacahuete + 1cs de salsa de soja + 1 cs de miel + 1 cp de aceite de sésamo + ⅙ cp de comino

* Aclaración *

Vas a ver muchas veces que en ingredientes pongo cs y cp al dar las cantidades. ¿Qué significan exactamente?

- **CS = cucharada sopera**

Es la cuchara grande de toda la vida, la que usamos normalmente para tomar una sopa o un caldito. No es un cucharón, ni nada enorme, simplemente una cuchara estándar de cubertería.

- **CP = cucharadita de postre**

Es la cuchara más pequeña, la que solemos usar para comer postres o para remover el café. Si en casa tienes una cucharita de las pequeñas, esa es la que toca.

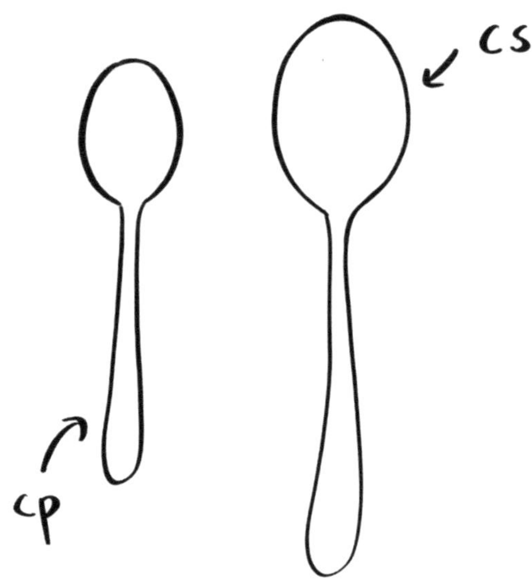

Ahora sí...
¡a cocinar!

Básicos

MENÚ

Arroz blanco asiático

Raciones: 2 **Tiempo preparación:** 3' **Tiempo cocinado:** 25'

El arroz blanco siempre ha sido un básico en casa. Recuerdo que de pequeña había días en que desayunábamos, comíamos y cenábamos arroz. De hecho, el arroz es tan importante en China que la palabra «arroz» (饭) también significa «comida».

Yo lo hago siempre en una arrocera, pero es posible que tú no tengas una. Así que en esta receta te enseño a prepararlo en una olla. Queda con esa textura un poco más compacta y jugosa, perfecta para acompañar cualquier plato con salsa, salteados o simplemente con un huevo frito por encima.

- 1 vaso de arroz redondo
- 1 vaso de agua

¿Cómo recalentar el arroz de la nevera para que no quede seco?

Añade un chorrito de agua y tápalo con papel film antes de ponerlo en el microondas. Así tendrá una textura similar al arroz recién hecho.

1. En una olla pequeña, pon el arroz y lávalo un par de veces con agua para eliminar el exceso de almidón.
2. Retira el agua del lavado y añade 1 vaso de agua a la olla.
3. Pon la olla a fuego fuerte hasta que el agua empiece a hervir.
4. Cuando hierva, baja el fuego al mínimo, tapa la olla y cocina el arroz durante 12 minutos. Comprueba que el arroz mantiene un burbujeo suave todo el tiempo: eso significa que se está cociendo bien. Si tu cocina es de inducción, puede que el fuego mínimo sea demasiado flojo. En ese caso, sube un poco hasta que veas esas pequeñas burbujas constantes. Asegúrate de que la tapa esté bien cerrada para que no se escape el vapor.
5. Pasado ese tiempo, apaga el fuego y déjalo reposar con la tapa puesta durante 15 minutos. (¡Es importante no quitar la tapa!).
6. Remuévelo antes de servirlo.

KIMCHI
Casero

Kimchi

Raciones: 1,5 kg **Tiempo preparación:** 2 horas + 1-3 días de fermentación
Tiempo cocinado: 5'

Te voy a ser sincera: la primera vez que probé el kimchi no entendía muy bien por qué era tan famoso. Su sabor es potente, entre ácido y picante, así que de primeras puede chocar un poco. Pero es de esas cosas que, si las vas probando poco a poco, te acaban enganchando. Ahora me encanta. Su sabor es tan potente que convierte un arroz, una pasta o un sándwich en algo con muchísimo más rollo. Por eso siempre tengo un poco en la nevera: es mi comodín para dar vida a cualquier plato.

- 1 col china (1,5 kg aprox.)
- 5 cs de sal
- 1 nabo pequeño pelado
- 1 zanahoria pequeña pelada
- 1 ajo tierno
- ½ vaso de gochugaru

Para el pegamento:
- ½ vaso de agua
- 1 cs de maicena

Para la salsa:
- 5 ajos pelados
- 1 trozo de 2 cm de jengibre pelado
- ¼ de cebolla pelada
- ½ manzana pelada
- 5 cs de salsa de pescado
- 1 cs de azúcar

Si no tienes gochugaru, puedes sustituir el ½ vaso por 2 cs generosas de gochujang.

CORTA LA COL

1. Descarta las hojas superficiales y corta la col por la mitad.
2. Luego, corta verticalmente cada mitad en tres partes (si tienes dudas, fíjate en la foto). Retira el tallo de cada parte y corta la col en trozos de 4-5 cm.

AÑÁDELE SAL Y DÉJALA REPOSAR

3. Pon los trozos en un bol grande, añade 5 cucharadas soperas de sal y con las manos mézclalo bien.
4. Déjalos reposar 1 hora, pero removiendo cada 20 minutos. Mientras la col reposa, aprovecha para preparar el resto.

PREPARA LO DEMÁS

5. Haz el pegamento. En un cazo a fuego medio, mezcla el agua y la maicena. Cocina la mezcla removiendo hasta que espese y tenga una textura similar al pegamento. Después, resérvala.
6. Prepara la salsa. Tritura todos los ingredientes de la salsa hasta obtener una mezcla homogénea.
7. Prepara las verduras. Corta el nabo y la zanahoria en juliana y pica el ajo tierno.

LAVA LA COL Y JÚNTALO TODO

8. Pasada la hora, verás que la col ha soltado mucha agua. Enjuágala con abundante agua para quitar el exceso de sal. No basta con enjuagar la col una sola vez. Hay que eliminar bien toda la sal, así que hazlo con calma y ve probando un trocito de vez en cuando.
9. Cuando esté bien de sal (debe quedar algo salado, pero no demasiado), escurre los trozos presionándolos para eliminar tanta agua como sea posible.
10. En un bol grande, junta la col con la salsa, el pegamento, las verduras y el gochugaru. Mézclalo todo hasta que quede bien impregnado.
11. Guarda el kimchi en un recipiente hermético y prénsalo para eliminar el aire entre las capas de col. Déjalo fermentar a temperatura ambiente entre 1 y 3 días, según tu gusto. Cuanto más tiempo lo dejes, más ácido y fuerte estará.
12. Cuando esté en su punto, guárdalo en la nevera.

VALE, YA TENGO KIMCHI, PERO... ¿CÓMO LO COMO?

a. Arroz con kimchi (página 60)
b. Focapizza (página 198)
c. Pancake de kimchi (página 144)
d. Sándwich de kimchi y queso (página 208)

Es una masa
muy polifacética

Masa mágica

Raciones: 1 **Tiempo preparación:** 15' **Tiempo cocinado:** 60'

Una masa base que sirve para todo: esponjosa, un pelín dulce y tan versátil que con ella puedes preparar baos, dumplings rellenos o incluso unos cinnamon rolls. El límite está en tu imaginación.

- 120 ml de agua tibia
- 20 g de azúcar
- 4 g de levadura seca de panadería
- 10 ml de aceite de oliva
- 250 g de harina de trigo

1. En un vaso, mezcla el agua tibia, el azúcar, la levadura y el aceite hasta que se disuelva el azúcar.
2. Déjalo reposar 5 minutos o hasta que se forme una capa espumosa en la superficie.
3. En un bol, añade la harina y vierte la mezcla anterior poco a poco mientras lo remueves constantemente.
4. Cuando incorpores todo el líquido, amásalo todo en el bol con las manos hasta formar una bola y pásala a la encimera.
5. Amásala durante 4 minutos más o hasta que la superficie de la masa esté lisa y uniforme.
6. Coloca la masa en un bol limpio, cúbrela con film, y déjala fermentar durante 1 hora o hasta que doble el tamaño.
7. Pasado ese tiempo, presiona la masa para desgasificarla y amásala 3 minutos más.
8. Con la masa ya preparada, ahora empieza lo divertido. Aquí tienes algunas recetas en las que puedes usarla:
   a. Pan bao (página 202)
   b. Baogers sabor Big Mac (página 158)
   c. Kare pan (bollitos crujientes rellenos de curry) (página 200)
   d. Cinnabao rolls (página 214)

- Es importante que el agua tibia no esté demasiado caliente. Calienta 120 ml de agua a temperatura ambiente en el microondas unos 20 segundos.
- Si hace calor, deja fermentar la masa menos tiempo (unos 45 minutos).

Masa de empanadillas

Raciones: 32 **Tiempo preparación:** 30' **Tiempo cocinado:** 30'

La clave de una buena gyoza empieza en la masa. Hacerla casera marca muchísimo la diferencia: se nota en la textura, en ese punto de mordida que no encuentras en las obleas congeladas. Solo necesitas harina, agua y un poco de paciencia para amasar y estirar.

- 250 g de harina de trigo
- 125 g de agua caliente
- ½ cp de sal

Lo mejor es usar las obleas recién hechas, pero si no vas a usarlas al momento, te recomiendo que las congeles. Para hacerlo, apílalas poniendo una capa de maicena entre las obleas para evitar que se peguen entre ellas (es importante usar maicena y no harina de trigo, ya que esta última no va bien). Cuando las necesites, simplemente descongélalas y úsalas inmediatamente.

1. En un bol, mezcla la harina con la sal. Añade el agua caliente poco a poco mientras remueves.
2. Amasa la mezcla dentro del bol hasta formar una bola.
3. Pasa la masa a una superficie de trabajo y amásala unos 5 minutos, hasta que quede suave y homogénea.
4. Cubre la masa y déjala reposar 30 minutos. Este paso es clave para que la masa se relaje y sea más fácil de estirar después.
5. Divide la masa en 32 porciones. Para hacerlo fácil, córtala primero en dos partes. Luego, estira cada parte hasta formar dos churros de unos 30 cm de largada. Después, corta cada churro en 16 trozos (cada trozo pesa unos 12 g).
6. Espolvorea los trozos con harina por ambos lados y aplánalos ligeramente con la palma de la mano para formar discos.
7. Estira cada disco poco a poco hasta formar un círculo de unos 7 cm de diámetro. Si notas que la masa se pega, espolvorea un poco más de harina.
8. No apiles las obleas una encima de otra porque acabarán pegándose entre ellas. Lo mejor es espolvorear un poco de harina en la encimera y dejarlas separadas.
9. Una vez listas, rellénalas con lo que más te guste (puedes encontrar un buen relleno en la página 150).

Sepáralas
así

Crepes chinas

Raciones: 12 **Tiempo preparación:** 10' + 15' en reposo **Tiempo cocinado:** 15'

¿Conoces esas tortitas que acompañan el pato Pekín? Esta es una forma mucho más sencilla de hacerlas. El truco está en estirar y cocinar dos porciones de masa juntas y después separarlas. Suena raro, pero funciona. Quedan finitas y suaves. Te recomiendo probarlas con el pato Pekín exprés (página 186).

- 150 g de harina de trigo
- 75 ml de agua hirviendo
- una pizca de sal
- aceite de oliva

El mejor momento para comer estas crepes es cuando están calentitas. Si se enfrían, puedes envolverlas con un papel de cocina ligeramente humedecido y después recalentarlas unos 30 segundos al microondas. Así recuperarán su textura suave sin que se resequen.

1. En un bol, añade la harina, el agua hirviendo y una pizca de sal. Mezcla con una cuchara hasta que empiece a formarse una masa.
2. Pásala a la encimera y amásala durante unos 5 minutos.
3. Tápala con papel film y deja que repose 15 minutos. Así será mucho más fácil estirarla.
4. Tras el reposo, divide la masa en 12 porciones iguales. Te recomiendo partir la bola en dos, formar dos cilindros (tipo churros) y cortar cada uno en 6 trozos.
5. Aplana cada trozo ligeramente con la palma de la mano para formar pequeños discos.
6. Pinta 6 de esos discos con un poco de aceite por arriba. Luego, coloca encima de cada uno otro disco sin aceite. Al final tendrás 6 pares de discos.
7. Aplánalos ligeramente y estíralos con el rodillo hasta formar círculos de unos 15 cm. Intenta que queden tan finitos como sea posible (1 mm o menos de grosor).
8. Calienta una sartén a fuego medio sin nada de aceite.
9. Cocina cada par de discos durante 30 segundos por cada lado. Verás que aparecen algunas burbujitas.
10. En cuanto los saques de la sartén, separa con cuidado los dos discos mientras estén calientes (fíjate en la foto para ver cómo lo hago). Se deberían separar fácilmente gracias al aceite que antes hemos puesto entre los discos.
11. Guárdalos en un paño limpio y tápalos bien para que el vapor los mantenga blanditos.
12. Repite el proceso con el resto de los pares. Cuando termines, deja reposar las crepes unos 5 minutos dentro del trapo antes de servirlas. Esto les dará una textura aún más flexible y elástica.

Salsas mágicas

MENÚ

Salsa agridulce

Raciones: 2 **Tiempo preparación:** 2' **Tiempo cocinado:** 4'

¡Esta salsa es la mejor amiga de los rollitos de primavera (página 160)! Al ser medio dulce, medio ácida, combina hiperbién con platos crujientes.

- ¼ de vaso de agua
- ⅙ de vaso de vinagre de vino blanco
- ¼ de vaso de azúcar
- 2 cs de kétchup

Para espesar:
- ½ cs de maicena
- 2 cs de agua

1. En una olla, añade el ¼ de vaso de agua, el vinagre de vino blanco, el azúcar y el kétchup.
2. Calienta la olla a fuego medio y cocínalo unos 3 minutos. Mézclalo para que los ingredientes se disuelvan bien.
3. Aprovecha este tiempo para disolver la maicena con 2 cs de agua.
4. Pasados los 3 minutos, agrega la mezcla de maicena y agua a la olla.
5. Remuévelo sin parar hasta que la salsa espese.
6. Cuando tenga la consistencia típica de la salsa agridulce, ¡ya estará lista!

Si te sobra salsa, puedes guardarla en la nevera hasta 5 días. Verás que adquiere una consistencia gelatinosa. No te preocupes, remuévela con una cuchara 1 minuto y volverá a estar líquida.

Salsa barbacoa coreana

Raciones: 4 **Tiempo preparación:** 5' **Tiempo cocinado:** 5'

Esta salsa barbacoa tiene un toque coreano que me gusta muchísimo. Es un pelín picante y perfecta para acompañar unas costillas de cerdo (página 86), una pizza, una hamburguesa… ¡Lo que quieras!

- 50 g de kétchup
- 50 g de azúcar moreno
- 1 cs de salsa Worcestershire o Perrins
- ½ cs de mostaza
- 1 cs de salsa de soja
- 1 cs de vinagre de vino blanco
- ½ cp de gochujang
- el zumo de ½ naranja

1. Pon todos los ingredientes en una olla.
2. Cocínalos a fuego medio 5 minutos o hasta que la salsa espese un pelín. Remueve para que todo quede bien mezclado.
3. Cuando la salsa haya espesado, ¡ya la puedes servir y disfrutar!

Una vez hecha, te aguantará bien en la nevera unos 4-5 días.

Salsas para todo

Cuando tienes estas salsas a mano, cualquier cosa que cocines sabe mejor. Se hacen en 1 minuto y no necesitas más que un bol y una cuchara para mezclarlo todo.

1. Ssamjang:

- 1 cs de miso
- 1 cp de gochujang
- ½ cs de miel
- ½ cs de aceite de sésamo
- 1 cs de semillas de sésamo

Esta salsa coreana tiene mucho carácter. Es la acompañante perfecta para el bossam (página 78), aunque a mí también me encanta comerla con palitos de zanahoria o de pepino.

2. Tonkatsu/okonomiyaki:

- 2 cs de kétchup
- 1 cs de salsa de soja
- 2 cs de Worcestershire o Perrins
- 1 cp de miel

Se trata de una salsa comodín total. Va perfecta con el okonomiyaki (página 142) o también con el katsu tofu (página 174). Tiene ese rico sabor umami, dulce y denso.

3. Para los dumplings:

- 3 cs de salsa soja
- 2 cs de vinagre de vino blanco

Esta salsa es ideal para mojar las gyozas (página 154) y también queda genial con los rollitos de primavera (página 160). Es ácida, salada y hace que cualquier bocado crujiente sepa aún mejor.

4. De cacahuete:

- 2 cs de crema de cacahuete
- 2 cs de salsa de soja
- 2 cs de miel

Es una de mis favoritas. Queda brutal con los rollitos vietnamitas frescos (página 124). También se puede usar con unos fideos fríos o para darle un toque especial a unas brochetas.

1
2
3
4

Arroces

MENÚ

Arroz con huevo

Raciones: 1 **Tiempo preparación:** 2' **Tiempo cocinado:** 5'

Este es el típico plato que parece de emergencia… hasta que lo pruebas. Es genial para esos días en que tienes sobras de arroz blanco cocido y quieres prepararte algo rápido. Solo necesitas un par de ingredientes y cinco minutos.

- 200 g de arroz blanco cocido
- un chorrito de aceite de oliva
- 2 huevos
- 2 cs de salsa de soja
- ½ cs de aceite de sésamo

1. Empieza por el arroz: si te ha sobrado de otro día, caliéntalo y listo. Si no, en la página 24 puedes consultar cómo prepararlo desde cero.
2. En una sartén con un chorrito de aceite de oliva, fríe los huevos a tu gusto.
3. Coloca los huevos sobre el arroz caliente.
4. Añade la salsa de soja y el aceite de sésamo por encima.
5. Justo antes de comer, rompe los huevos y mézclalo todo. ¡Listo!

A mí me gusta acompañar este plato con unas láminas de aguacate por encima y un poco de alga nori. Le dan un toque sabrosón que combina superbién con el arroz y el huevo.

Bibimbap

Raciones: 2 **Tiempo preparación:** 15' **Tiempo cocinado:** 15'

Esta receta me encanta porque es superversátil. De hecho, «bibimbap» significa literalmente «arroz mezclado», así que puedes ponerle lo que te apetezca. Yo te dejo aquí unas ideas de toppings y sabores que me gustan, pero la gracia está en experimentar con lo que tengas a mano. Lo más importante es que haya variedad de texturas —verduras crujientes, otras más blanditas, carne sabrosa— y una buena salsita que lo una todo. Eso es lo que le da el toque increíble.

- 400 g de arroz blanco cocido
- salsa para bibimbap
- 1 zanahoria mediana
- ½ calabacín
- 6 setas
- un poco de aceite de oliva
- un poco de sal
- 170 g de carne picada de cerdo
- 2 cs de salsa de soja
- 2 huevos

1. Si ya tienes arroz blanco hecho, genial. Y si no es así, te recomiendo que lo prepares antes de continuar. (Tienes la receta en la página 24).
2. Prepara la salsa. En la siguiente página, te dejo dos opciones: una picante y otra no picante.
3. Corta en juliana la zanahoria, el calabacín y las setas.
4. Saltea las verduras por separado con un poco de aceite y sal. No las cocines demasiado, lo guay es que mantengan parte de su textura.
5. Saltea la carne picada con la salsa de soja. Desmenúzala mientras se cocina para que queden trocitos pequeños y sabrosos.
6. Haz los huevos a la plancha o fritos, como más te gusten.
7. Emplata: pon el arroz como base y coloca por encima las verduras, la carne y el huevo, intentando que quede bonito y ordenado.
8. Lleva la salsa a la mesa para que cada uno se sirva al gusto. Mi consejo es echar poca al principio, mezclar bien todos los ingredientes y luego ajustar la cantidad de salsa. Así no te pasas y puedes pillar el punto que más te guste.

Salsas para el bibimbap

El bibimbap sin salsa es como una fiesta sin música. Aquí te dejo dos versiones que puedes probar: una más clásica y picante, y otra más suave pero igual de sabrosa.

Salsa no picante:

Una salsa suave, cremosa y umami. El miso y la miel le dan un punto dulce-salado irresistible, sin necesidad de picante.

- 1 cs de salsa de soja
- 1 cs de aceite de sésamo
- 1 cs de semillas de sésamo
- ½ cs de miel
- ½ cs de miso

Salsa picante:

La típica salsa coreana que le da vidilla al bibimbap. Si te gusta el picante, esta es la tuya.

- 1 cs de gochujang
- ½ cs de miel
- 1 cs de aceite de sésamo
- 1 cs de agua

Raciones: 3 **Tiempo preparación:** 30' **Tiempo cocinado:** 30'

Mucha gente cree que el gimbap es sushi coreano, pero no lleva pescado crudo y los sabores son bastante distintos. El arroz del sushi se aliña con vinagre y el del gimbap, con aceite de sésamo y sal. El resultado es un rollito envuelto en alga nori y con el relleno que tú quieras, y se suele comer a temperatura ambiente.

Para el arroz:

- 1 vaso de arroz redondo
- ½ cp de sal
- 1 cs de aceite de sésamo

Para el relleno:

- 3 zanahorias medianas
- 4 huevos
- 100 g de espinacas
- 1 lata de atún escurrido (80 g)
- 1 cs de mayonesa
- un poco de sal
- un poco de aceite de oliva
- 4 hojas de alga nori

Puedes comer el gimbap así tal cual o acompañarlo con una mezcla de mostaza y vinagre de vino blanco (ratio 1:2).

1. Prepara el arroz blanco siguiendo la receta de la página 24.
2. Mientras el arroz se cocina, prepara el relleno:
   a. Corta las zanahorias en juliana, ponlas en un bol y añade ½ cp de sal. Mézclalo bien y déjalo reposar.
   b. En otro bol, casca los huevos, añade ½ cp de sal y bátelos. Cocina varias tortillas finas y, una vez listas, córtalas en juliana.
   c. Saltea las espinacas con un poco de aceite y una pizca de sal hasta que estén tiernas. Resérvalas.
   d. En la misma sartén, saltea las zanahorias durante 2 minutos con un poco de aceite.
   e. Mezcla el atún con la mayonesa en un bol hasta que queden bien integrados. Reserva.
3. Cuando el arroz esté listo, alíñalo con la sal y el aceite de sésamo. Mézclalo bien y deja que se enfríe un poco.
4. Monta el gimbap (saldrán 4 rollos). Para cada rollo:
   a. Ten a mano un bol con agua para humedecerte las manos y evitar que el arroz se te pegue.
   b. Pon una hoja de alga nori sobre una tabla de cortar.
   c. Extiende una fina capa de arroz y presiónala ligeramente sobre el alga, dejando unos 2 cm libres en la parte superior. Aplasta algunos granos de arroz en esa zona.
   d. Coloca el relleno en el centro: las zanahorias, las tortillas, las espinacas y el atún con mayonesa.
   e. Enrolla el gimbap presionándolo suavemente con ambas manos pero sin romper el alga, así quedará compacto.
5. Una vez formados todos los rollos, píntalos con aceite de sésamo y espolvorea unas semillas de sésamo por encima.
6. Engrasa un cuchillo con aceite de sésamo para que no se le pegue el arroz y corta los rollos en rodajas de 1 cm. ¡Listo!

Onigiris

Raciones: 4 unidades **Tiempo preparación:** 15' + 30' reposo
Tiempo cocinado: 12' +10' reposo

Arroz, un poco de relleno y alga nori. Eso es todo lo que lleva un onigiri. Parece una receta fácil, pero tiene su qué. Es de esas recetas en las que cada detalle cuenta: elegir bien el arroz, cocerlo en su punto, prensarlo bien para que mantenga la forma… Todo importa. En la siguiente página te dejo más consejos para que te salgan perfectos.

- 1 vaso de arroz para sushi
- 1 vaso de agua
- 1 lata de atún escurrido (80 g)
- 2 cs de mayonesa
- sal
- 2 hojas de alga nori

Es muy importante usar arroz para sushi, ya que tiene la consistencia perfecta para hacer onigiris. Este arroz tiende a compactarse mejor, por eso permite que los onigiris mantengan su forma y textura. Evita usar cualquier otro tipo de arroz.

PREPARA EL ARROZ

1. En una olla pequeña, lava el arroz con agua removiéndolo con las manos. Cambia el agua y repite el proceso tres veces o hasta que salga casi transparente.
2. Retira el agua del lavado, añade a la olla 1 vaso de agua y déjalo reposar 30 minutos.
3. Luego, llévalo a ebullición a fuego fuerte.
4. Cuando empiece a hervir, tapa la olla, baja el fuego al mínimo y cocínalo 12 minutos. Comprueba que el arroz mantiene un burbujeo suave todo el tiempo: eso significa que se está cociendo bien. Si tu cocina es de inducción, puede que el fuego mínimo sea demasiado flojo. En ese caso, sube un poco hasta que veas esas pequeñas burbujas constantes. Es muy importante no abrir la tapa en ningún momento.
5. Deja que repose 10 minutos más con la tapa puesta.
6. Mientras tanto, aprovecha para preparar el relleno. Mezcla el atún escurrido con la mayonesa.
7. Remueve el arroz para enfriarlo ligeramente. Debe seguir caliente para darles forma a los onigiris.

FORMA LOS ONIGIRIS DE UNO EN UNO

8. Ten un bol con agua y otro con sal a mano.
9. Mójate ligeramente las manos con agua y sacude el exceso.
10. Coge un poco de sal y distribúyetela por las palmas de las manos.
11. Pon 2 cucharadas de arroz en la mano izquierda y aplánalo ligeramente.
12. Coloca 1 cucharadita de relleno en el centro y, encima, pon otras 2 cucharadas de arroz.
13. Moldéalo apretando con ambas manos para formar una bola. Luego, si quieres, dale la típica forma triangular.
14. Repite este proceso para los demás onigiris.
15. Corta las hojas de alga nori por la mitad y envuelve la base de cada onigiri con una tira de alga.

Puedes poner el relleno que quieras :)

Consejitos para unos onigiris perfectos

Lo más difícil al hacer onigiris es conseguir que el arroz tenga la textura perfecta. Como el arroz es el protagonista de este plato, es fundamental lograr una consistencia adecuada para darle forma sin que se desmonte fácilmente. Aquí van algunos trucos para conseguirlo:

TRUCOS PARA HACER ONIGIRIS

1. **Usa arroz recién hecho.** El arroz debe estar recién cocido. Evita usar arroz del día anterior, ya que pierde la textura adecuada y se deshace con facilidad. Lo ideal es prepararlo justo antes de hacer los onigiris.
2. **Cuida la temperatura del arroz.** El arroz debe estar caliente en el momento de darle forma, pero no tanto como para quemarte las manos. El calor es importante para moldearlo fácilmente y que se mantenga unido.
3. **Mójate las manos y usa sal.** Para evitar que el arroz se te pegue en las manos, mójatelas ligeramente con agua antes de dar forma a los onigiris. Además, ponte un poco de sal en las palmas para añadir saborcito al arroz mientras lo moldeas.
4. **Presiona con el punto justo.** Al darle forma al onigiri, presiona el arroz lo suficiente para que se mantenga unido, pero no lo aprietes en exceso. Si lo presionas con demasiada fuerza, el arroz se volverá muy denso.
5. **Manos, moldes o papel film.** Puedes moldear el arroz directamente con las manos (la forma tradicional), usar moldes para onigiris o ayudarte con papel film para conseguir la forma deseada. Todo depende de lo que te resulte más cómodo.
6. **Coloca el alga nori justo antes de servir.** Si prefieres que el alga nori esté crujiente, es mejor ponerla justo antes de servir el onigiri. Si la colocas con antelación, la humedad del arroz la ablandará y perderá textura.

Sushi exprés

Raciones: 1 **Tiempo preparación:** 10' **Tiempo cocinado:** 0'

Me encanta hacer esta comidita cuando sobra arroz del día anterior. Cojo unas láminas de alga nori, algo que tenga por casa (aguacate, pepino…, lo que sea) y me monto los bocados en la mesa. No sé si llamarlo «receta» o no, pero es algo rápido, no hace falta enrollar, y es perfecto para los días en que me apetece sushi y no quiero complicarme.

- 200 g de arroz blanco cocido
- 1 lata de atún escurrido (80 g)
- 1 cs de mayonesa
- ½ cp de gochujang
- cebollino picado (opcional)

Para los toppings:

- 2 hojas de alga nori
- ½ pepino
- ½ aguacate

1. **Si ya tienes arroz blanco cocido, recaliéntalo en el microondas. Si no, puedes prepararlo siguiendo la receta de la página 24.**
2. **En un bol, mezcla el atún escurrido con la mayonesa y el gochujang. Reserva.**
3. **Corta cada hoja de alga nori en 4 trozos. Y el pepino y el aguacate, en tiras finitas.**
4. **Pon el arroz en un bol y añade por encima la mezcla de atún. Si tienes cebollino picado, échale un poco por encima: le da un toque fresco y además queda mucho más bonito.**
5. **Para comer este sushi: coge un trozo de alga nori, pon un poco de arroz y de atún, añade los toppings que más te gusten, enróllalo con las manos y… ¡directo a la boca!**

En esta receta, el alga nori tiene más protagonismo de lo que parece. Y créeme, no hay nada peor que un alga nori blandengue. Así que, si tienes un paquete abierto desde hace tiempo y ya no está crujiente, pasa el alga por una sartén bien caliente (sin aceite) unos 15 segundos por cada lado. Déjala enfriar y verás cómo recupera ese toque crujiente que lo cambia todo.

Arroz con kimchi

Raciones: 1 **Tiempo preparación:** 5' **Tiempo cocinado:** 5'

Con algo de arroz, un poco de kimchi y un par de cosas más, puedes montarte algo bien rico en un momento. Es uno de esos platos que se adaptan a lo que tengas en casa: huevos, verduras, restos del día anterior…

- 2 lonchas de beicon
- ½ vaso de kimchi
- 2 huevos
- una pizquita de sal
- dos chorritos de aceite de oliva
- 180 g de arroz blanco cocido

1. Corta el beicon y el kimchi en trocitos pequeños.
2. Casca los huevos en un vaso, añade una pizquita de sal, bátelos y resérvalos.
3. En una sartén grande, añade un chorrito de aceite y saltea el beicon a fuego medio-alto hasta que quede doradito.
4. Añade el kimchi y saltéalo todo junto durante 1 minuto para que se mezclen los sabores.
5. Añade el arroz cocido y remuévelo para que todo quede integrado. Cuando esté bien mezclado, pon el arroz salteado en un plato y resérvalo.
6. Limpia bien la sartén con un papel de cocina, añade un chorrito de aceite y prepara una tortilla con los huevos batidos.
7. Sirve el arroz en un plato y pon la tortilla encima.

- Puedes cambiar la tortilla por dos huevos a la plancha o fritos. ¡Queda igual de rico!
- A mí me gusta dibujar una carita en la tortilla con un poco de sriracha. Es totalmente opcional, pero le da un punto gracioso, jeje.

Fideos

MENÚ

Japchae

Raciones: 2 **Tiempo preparación:** 10' **Tiempo cocinado:** 15'

El japchae es un salteado coreano hecho con fideos de boniato, un ingrediente muy típico de allí. Me encanta la textura de estos fideos: son elásticos, masticables y absorben la salsa superbién. Es un plato fácil de preparar, y sorprende lo rico que queda con tan poco.

- ½ cebolla
- 1 zanahoria
- 4 setas shiitake o champiñones
- 2 puñados de espinacas
- un chorrito de aceite de oliva
- 180 g de fideos de boniato (dangmyeon)

Para la salsa:
- 6 cs de salsa de soja
- 2 cs de aceite de sésamo
- 1 cs de azúcar
- 3 ajos rallados

1. Corta la cebolla, la zanahoria y las setas en juliana. Resérvalas.
2. En un bol pequeño, mezcla bien todos los ingredientes de la salsa y resérvala también.
3. En una sartén grande a fuego fuerte, añade un chorrito de aceite y saltea la cebolla, la zanahoria y las setas durante un par de minutos. Luego, añade las espinacas junto con la salsa que has preparado y saltéalo todo junto 1 minuto más. Apaga el fuego y resérvalo.
4. En una olla con abundante agua hirviendo, cuece los fideos de boniato según las instrucciones del fabricante. Cuando estén listos, escúrrelos (sin pasarlos por agua) y córtalos con unas tijeras para que no queden tan largos.
5. Añade los fideos a la sartén con las verduras y mézclalo todo bien para que se impregnen con la salsa.

Si te cuesta encontrar fideos de boniato, puedes usar fideos vermicelli, fideos de arroz o incluso espaguetis. El saborcito va a quedar igual de rico, aunque la textura será un poco distinta.

Ramen fácil

Raciones: 4 **Tiempo preparación:** 20' **Tiempo cocinado:** 2 h y 15'

La gracia de este ramen está en la simplicidad. No necesitas ingredientes difíciles de encontrar ni técnicas raras. Solo tiempo. Tiempo para dejar que el caldo se haga con calma, que las costillas se vuelvan tiernas y que los sabores se concentren bien. Un planazo de domingo: encender el fuego y dejar que todo se cueza a su ritmo.

- 1 kg de costillas de cerdo
- 1 cabeza de ajos
- 50 g de jengibre
- 1 cebolla
- 3 ajos tiernos
- 1 hueso pequeño de jamón
- ¾ de vaso de salsa de soja
- 2 L de agua
- aceite de oliva
- sal

Para el aceite aromático:
- 1 ajo tierno
- 25 g de jengibre
- 2 ajos
- 3 cs de aceite de oliva

Para los toppings:
- fideos de ramen
- setas al gusto
- 4 huevos

Para la salsa de las costillas:
- ¼ de vaso de agua
- ¼ de vaso de salsa de soja (60 ml)
- 2 cs de miel

BLANQUEA LAS COSTILLAS

1. Hierve las costillas en abundante agua durante 5 minutos. Este paso ayuda a eliminar impurezas como la sangre o la espuma. Después, escúrrelas, enjuágalas bajo el grifo y limpia también la olla.

DORA LOS AROMÁTICOS

2. Pela la cabeza de ajos, corta el jengibre en rodajas, parte la cebolla por la mitad y trocea el ajo tierno. Añade un buen chorro de aceite a la olla y dóralo todo a fuego fuerte hasta que coja color. Este paso es clave para lograr un caldo sabroso y con buen color.

PREPARA EL CALDO

3. Añade las costillas, los 2 litros de agua, el hueso de jamón y la salsa de soja. Cuando hierva, baja el fuego hasta que burbujee suavemente, tapa la olla y cuécelo durante 2 horas, removiendo de vez en cuando.

Si tienes una olla a presión, puedes usarla para ahorrarte tiempo: en vez de 2 horas en olla normal, solo necesitas 30 minutos desde que empiece a hacer «psss» (cuando sube la válvula).

PREPARA LOS TOPPINGS

4. Cuece los huevos 6 minutos y medio desde que el agua empiece a hervir. Luego, pásalos por agua fría.
5. Saltea las setas con un poco de aceite y sal.
6. Prepara el aceite aromático: ralla el jengibre, el ajo y pica el ajo tierno. Ponlo todo en un bol resistente al calor. Calienta 3 cucharadas soperas de aceite hasta que humee y viértelo por encima con mucho cuidado (ten en cuenta que salpicará). Mézclalo todo y resérvalo.

CARAMELIZA LAS COSTILLAS

7. Tras las 2 horas de cocción, saca las costillas del caldo y ponlas en una sartén. Añade los ingredientes de la salsa de las costillas a la sartén y cocínalo todo a fuego medio-alto hasta que el líquido se evapore y queden bien caramelizadas.
8. Cuela el caldo y pruébalo. Debería estar ligeramente más salado de lo habitual, ya que al añadir los fideos y el resto de los ingredientes el sabor se suavizará. Después ajusta el punto de sal si es necesario.

ÚLTIMOS PASOS

9. Cuece los fideos justo antes de servirlos, siguiendo las instrucciones del paquete.
10. En cada bol, pon 1 cucharadita de aceite aromático, añade el caldo bien caliente, los fideos, las costillas y los toppings al gusto.

¿Cómo tomar ramen?

Tallarines con gambas

Raciones: 2 **Tiempo preparación:** 15' **Tiempo cocinado:** 10'

Esta es una de esas recetas que me encantan para el día a día. Es fácil, completa (con su proteína, las verduritas…) y encima con ingredientes muy corrientes. Ideal para cuando te apetece algo asiático sin complicarte.

- 170 g de tallarines
- 1 zanahoria
- ½ cebolla
- ⅛ de col
- 1 ajo tierno
- 12 gambas
- aceite
- sal

Para la salsa:

- 4 cs de salsa de soja
- 2 cs de Worcestershire o Perrins
- 1 cs de kétchup
- ½ cp de curry en polvo
- ⅛ cp de pimienta negra
- 2 dientes de ajo rallados

1. Pon abundante agua a hervir y cuece los tallarines según las instrucciones del paquete. Mientras se cocinan, aprovecha para preparar el resto de las cositas.
2. Corta en juliana la zanahoria, la cebolla, la col y el ajo tierno.
3. En un vaso, mezcla los ingredientes de la salsa y resérvala.
4. Cuando los tallarines estén listos, pásalos por agua fría para cortar la cocción. Échales un chorro de aceite, mézclalos y resérvalos. Esto evitará que se peguen y que absorban demasiada salsa después.
5. Pela las gambas y quítales la tripa.
6. En una sartén grande a fuego fuerte, añade un chorrito de aceite y cocina las gambas a la plancha. Cuando estén hechas al 80 % (justo cuando cambien de color), retíralas y resérvalas.
7. En la misma sartén, añade un poco más de aceite y saltea las verduras unos 3 minutos a fuego fuerte. Deben quedar hechas, pero con textura.
8. Añade los tallarines escurridos a la sartén junto con la salsa. Mézclalo y saltéalo todo durante 1 minuto para que los tallarines se impregnen de sabor.
9. Apaga el fuego, añade las gambas, mézclalo y… ¡a la mesa!

Cuando escurras los tallarines, échales un buen chorro de aceite y mézclalos bien. Este paso crea una especie de capa protectora que evita que los fideos absorban toda la salsa. Así consigues que la salsa se reparta bien por el plato y que cada bocado quede jugoso.

Tallarines Dan Dan

Raciones: 2 **Tiempo preparación:** 20' **Tiempo cocinado:** 20'

En esta receta no se tira nada. Se saltean las cabezas y las cáscaras de los langostinos a fuego fuerte para sacarles todo el sabor, y con ese juguito se prepara una salsa bien intensa que se mezcla con los fideos. Queda ligeramente picante y con todo el sabor del mar.

- 1 pepino pequeño
- 1 ajo tierno
- 18 langostinos
- aceite de oliva
- ½ vaso de agua
- 160 g de tallarines
- sal

Para la salsa:
- 1 cs de tahini
- 1 cs de crema de cacahuete
- 1 cs y media de salsa de soja
- 2 cs de vinagre de vino blanco
- 1 cp de miel
- 1 cp de aceite de sésamo
- 1 ajo rallado
- 1 cp de laoganma

No cocines demasiado los langostinos. Lo ideal es sacarlos cuando estén al 80 % hechos, porque terminarán de cocinarse solos con el calor residual.

1. Corta el pepino en juliana y los ajos tiernos en rodajas finitas. Resérvalos.
2. Pela los langostinos, retírales la tripa y resérvalos. Guarda las cáscaras y las cabezas para hacer el caldo.
3. En una olla a fuego fuerte, calienta un poco de aceite y saltea las cáscaras y las cabezas. Aplástalas para que suelten todo el sabor, añade ½ vaso de agua y cuécelas unos 5 minutos. Cuela el caldo y resérvalo.
4. En un bol grande, mezcla todos los ingredientes de la salsa y añade el caldo que acabas de colar.
5. Cocina los tallarines siguiendo las instrucciones del paquete.
6. Mientras tanto, seca los langostinos con papel de cocina y saltéalos con un poco de aceite y sal en una sartén a fuego fuerte hasta que queden doraditos por fuera y jugosos por dentro.
7. Cuando los tallarines estén listos, escúrrelos bien (no los enjuagues) y mézclalos con la salsa en el bol.
8. Sirve los tallarines en un plato y decóralos con los langostinos, el pepino y los ajos tiernos por encima.

Udon Carbonara

Raciones: 2 **Tiempo preparación:** 10' **Tiempo cocinado:** 15'

¿Carbonara con fideos udon? Sí. ¿Miso? También. ¿Y beicon crujiente? Por supuesto. No es una receta tradicional, pero está tan buena que no te importará en absoluto.

- 6 lonchas de beicon
- 120 g de setas
- una pizca de sal
- 2 paquetes de fideos udon (400 g)
- ajos tiernos
- 2 yemas de huevo como topping para emplatar

Para la salsa:
- 2 yemas de huevo
- 1 cp de miso
- 40 g de queso parmesano rallado (o grana padano)
- pimienta negra al gusto

1. Corta el beicon en tiras de 1 cm aproximadamente y las setas en trocitos pequeños.
2. Saltea el beicon a fuego medio hasta que quede bien doradito y retíralo.
3. En la misma sartén, saltea las setas a fuego fuerte con la grasita que ha soltado el beicon y una pizca de sal. Resérvalas cuando estén listas.
4. En un bol grande, mezcla los ingredientes de la salsa.
5. Hierve agua en una olla y calienta los fideos udon siguiendo las instrucciones del paquete.
6. Guarda ½ vaso del agua de la cocción y escurre los fideos (sin enjuagarlos).
7. Añade los fideos calientes al bol con la salsa y mézclalo bien. Si la salsa queda muy espesa, añade el agua reservada de cocción poco a poco y ve removiéndolo para ajustar la cremosidad.
8. Sirve los fideos y añade el beicon y las setas por encima. Opcionalmente, puedes decorar el plato con una yema de huevo y unos ajos tiernos cortados finos como topping.

Cómete los fideos recién hechos, ¡es cuando mejor saben! Si se enfrían, la salsa se espesa y pierde cremosidad.

Una carbonara para enfadar a los italianos

Cerdo

MENÚ

Bossam

Raciones: 3 **Tiempo preparación:** 10' **Tiempo cocinado:** 60'

Probé el bossam por primera vez en Corea y me encantó. Es un plato de panceta cocida a fuego lento que queda supertierna, y se come envuelta en hojas de lechuga y una salsa coreana buenísima (ssamjang). De hecho, «bossam» significa literalmente «envolver», porque la gracia está en montarte el bocado a tu gusto. Es una comida divertida, sabrosa y perfecta para compartir.

- 700 g de panceta de cerdo en un solo trozo (sin piel)
- un chorrito de aceite
- 1 trozo de jengibre (de 5 cm)
- ½ cebolla pelada
- 5 ajos pelados
- 5 vasos de agua
- 2 cs de miso
- 1 cp de café soluble

1. Corta el jengibre en trocitos pequeños y la panceta en 2 o 3 trozos grandes, así absorberá mejor el sabor del caldo.
2. En una olla grande a fuego fuerte, añade un chorrito de aceite y cocina la cebolla, los ajos y el jengibre hasta que se doren ligeramente.
3. Añade el agua, el miso y el café soluble. Remuévelo para que todo se disuelva bien.
4. Agrega la panceta y espera a que el agua empiece a hervir. Cuando hierva, baja a fuego medio, tapa la olla y déjalo cocer 1 hora.
5. Pasado ese tiempo, saca la carne con cuidado y déjala reposar 5 minutos para que sea más fácil cortarla.
6. Córtala en lonchas finitas de unos 0,5 cm.
7. Puedes disfrutar la panceta de distintas maneras:
   a. Acompañándola con kimchi (página 26) y arroz blanco (página 24).
   b. Preparando un ssam: coge una hoja de lechuga, ponle un trozo de panceta, un poco de ssamjang (página 42) y, si quieres, un trocito de ajo crudo. Lo enrollas y directo a la boca. Una delicia.

- Cuando compres la panceta, pide que te la den en un solo trozo y que le quiten la piel.
- Si no encuentras panceta, puedes usar secreto de cerdo y también queda genial. Eso sí, no te recomiendo usar carnes muy magras, porque tienden a quedar más secas.
- Y, por cierto, el caldo que queda después de cocer la carne está lleno de sabor. No lo tires. ¡Puedes cocer unos fideos y hacer un ramen exprés!

Cerdo asado chino

Raciones: 2-3 **Tiempo preparación:** 10' + marinado **Tiempo cocinado:** 35'

El char siu es un plato típico de la cocina cantonesa: cerdo asado con un glaseado dulce y especiado. Lo habitual es prepararlo con una pieza que tenga un poco de grasa, para que la carne quede bien tierna y jugosa. Aunque suene a plato de restaurante, es una receta muy sencilla de preparar en casa. Solo hay que dejar que la carne repose bien en el marinado… y el horno hará el resto.

- 500 g de secreto de cerdo

Para el marinado:

- 5 cs de salsa de soja
- 3 cs de salsa hoisin
- 1 cs de miel
- 1 cp de ajo en polvo
- 1 cp de comino en polvo

1. En un bol grande, mezcla todos los ingredientes del marinado.
2. Añade el secreto de cerdo al bol y masajéalo con las manos para que se impregne bien por todas partes. Tápalo y déjalo reposar en la nevera al menos 4 horas. Si puedes dejarlo toda la noche, mucho mejor.
3. Precalienta el horno a 220 °C con calor arriba y abajo.
4. Coloca el secreto en una bandeja de horno con papel vegetal y hornéalo 20 minutos. No tires el líquido del marinado, lo usaremos enseguida.
5. Pasados los 20 minutos, dale la vuelta al secreto, píntalo con el marinado usando un pincel de cocina y hornéalo 15 minutos más.
6. Durante esta segunda tanda de horneado, pincélalo una o dos veces más con el marinado. Así se irá formando ese glaseado brillante tan típico del char siu.
7. Saca el secreto del horno, déjalo reposar un par de minutos y córtalo en tiras finas.

- Para que el secreto quede muy tierno, te recomiendo cortarlo a contrafibra. Esto hará que cada bocado se deshaga mucho mejor en la boca.
- Puedes servirlo con arrocito blanco, que siempre queda superbién, meterlo en unos baos al vapor (página 202) o, si no, puedes ir a lo fácil y hacerte un buen bocadillo.

Chashu

Raciones: 4 **Tiempo preparación:** 15' + toda la noche de reposo **Tiempo cocinado:** 2 h y 10'

El chashu es, sin duda, mi parte favorita del ramen. Es un cerdo estofado, enrollado y cocinado a fuego lento, y queda tan tierno que casi se deshace. En los restaurantes siempre me pasa lo mismo: me parece que ponen demasiado poco. Por eso me gusta prepararlo en casa y servirme una buena cantidad. ¡Como tiene que ser!

- 1 kg de panceta de cerdo sin piel
- 8 ajos
- 50 g de jengibre
- 1 cebolla
- 1 puerro
- 1,2 L de agua
- 1 vaso de salsa de soja
- 2 cs de azúcar
- 1 hueso pequeño de jamón

Antes de guardar la olla en la nevera, puedes cocer unos huevos y dejar que se marinen toda la noche en el caldo del chashu.

DÍA 1. PREPARACIÓN Y COCCIÓN

1. Si quieres una presentación más chula, enrolla la panceta sobre sí misma formando un cilindro y átala con hilo de cocina. Asegúrate de que quede bien prieta, tanto al enrollarla como al atarla, para que mantenga la forma durante la cocción y no se desmonte al cortarla. (Si prefieres saltarte este paso, no pasa nada: también queda buenísima sin enrollar).
2. Pela los ajos, corta el jengibre en láminas y parte la cebolla y el puerro por la mitad.
3. En una olla grande, dora la panceta por todos los lados hasta que esté bien sellada. Retírala y resérvala.
4. En la misma olla, dora las verduras hasta que empiecen a coger color.
5. Vuelve a meter la panceta en la olla y añade el agua, la salsa de soja, el azúcar y el hueso de jamón.
6. Sube el fuego al máximo y, cuando el agua rompa a hervir, ponlo a fuego medio-bajo. Debe mantener un burbujeo suave.
7. Tapa la olla y déjalo cocer 1 hora.
8. Pasado ese tiempo, retira el hueso de jamón y sigue cociéndolo 1 hora más. Ve girando la panceta de vez en cuando para que se impregne bien por todos lados.
9. Deja que todo se enfríe completamente y guarda la olla en la nevera durante la noche. Así no solo se intensifica el sabor, sino que también será más fácil de cortar la panceta sin que se deshaga.

DÍA 2. CORTAR Y SERVIR

10. Saca la panceta del caldo.
11. Corta el chashu en lonchas finas, de unos 0,5 cm.
12. Dora las lonchas a la plancha por un solo lado. A mí me gusta hacerlo así porque quedan doraditas y jugosas por dentro. Si las doras por ambos lados, se resecan un poco más, pero esto ya va a gusto de cada uno.

Vale, ya tienes tu chashu hecho: tierno, jugosito… y con pintaza. ¿Y ahora qué? Pues aquí van tres ideas para disfrutarlo como se merece.

1. En un bol de ramen

Tienes chashu. Y caldo. Dispones de lo necesario para montarte un ramen que valga la pena. Ese caldito concentrado que ha quedado en la olla se puede mezclar con un poco de caldo suave (pollo o vegetal); lo ajustas al gusto, le echas unos fideos, toppings… y de repente puedes gozar de un bol de ramen que no tiene nada que envidiar al de los restaurantes.

2. En un bol con arroz

Otra forma de disfrutarlo es en un bol con arroz. Pones el arroz blanco recién hecho, le colocas encima el chashu doradito, le echas un poco del caldo concentrado… y ya está. No necesitas nada más.

3. En una focaccia con kimchi y queso

Una vez lo probé así y fue un escándalo: focaccia crujiente, chashu calentito, kimchi y queso fundido. No es muy tradicional, pero está tan bueno que da igual.

¿Cómo tomarlo?

Costillas a la barbacoa coreanas

Raciones: 2 **Tiempo preparación:** 10' **Tiempo cocinado:** 4 h y 10'

Hacer unas costillas jugosas y que se despeguen fácilmente del hueso no tiene ningún misterio. El secreto está en envolverlas con papel de aluminio, así las costillas se cocinarán en su propio jugo y quedarán bien melositas. Y si les pones una buena salsa barbacoa, ¡se convertirán en algo irresistible!

- 1 costillar de cerdo (600-800 g)
- salsa barbacoa

Para el sazonado:
- 2 cp rasas de sal
- ¼ de cp de pimienta negra
- 1 cp de ajo en polvo
- 1 cp de pimentón

Si el costillar es muy grande y no cabe entero en la bandeja del horno, puedes partirlo por la mitad. Sazona y envuelve cada mitad por separado.

1. Precalienta el horno a 220 °C.
2. Mezcla todos los ingredientes del sazonado.
3. Sazona el costillar masajeando la carne para que el sazonado quede bien distribuido.
4. Envuelve el costillar con papel de aluminio. Te recomiendo poner 2 capas, ya que es muy importante que quede bien cerrado.
5. Hornea las costillas durante 1 hora a 220 °C con calor arriba y abajo.
6. Mientras se hornean, puedes preparar la salsa barbacoa. Si lo prefieres, usa una de supermercado, pero si quieres probar una muy rica y diferente, te recomiendo la receta de salsa barbacoa coreana (página 40).
7. Pasada la hora, apaga el horno y ¡NO LO ABRAS! Deja que las costillas se cocinen con el calor restante del horno durante 3 horas más. Es la clave para que queden bien tiernas.
8. Tras las 3 horas, saca las costillas del horno, retira con cuidado el papel de aluminio y precalienta el horno a 240 °C.
9. Unta la salsa barbacoa en todo el costillar.
10. Hornea el costillar durante 10 minutos a 240 °C con calor arriba y abajo para que la salsa se impregne bien.
11. Saca las costillas del horno, córtalas con cuidado (ojo, están tan tiernas que se deshacen solas). Y, ni lo dudes: con las manos saben mejor.

Costillas con salsa de soja y miel

Raciones: 4 **Tiempo preparación:** 10' **Tiempo cocinado:** 70'

Esta receta es especial por un motivo muy concreto: fue el primer vídeo de cocina que publiqué. Un día random de 2021, me abrí la cuenta en TikTok y subí un vídeo preparando estas costillas. Me fui a dormir, y a la mañana siguiente me levanté impresionada. ¡Muuucha gente lo había visto!

Creo que el vídeo fue un éxito porque es un plato sencillo y lleva ingredientes que todo el mundo tiene en casa. Se podría decir que gracias a esta receta estoy escribiendo este libro. Qué cosas, ¿verdad?

- 1,2 kg de costillas de cerdo
- ½ vaso de salsa de soja
- 5 cs de miel
- ¼ de cp de pimienta negra
- 2 cp de mostaza

Mientras se hacen las costillas, aprovecha para preparar arroz blanco (página 24). Lo recomiendo muchísimo, porque esta salsa está tan buena que da pena no tener algo con que empaparla.

1. En una olla, calienta abundante agua y, cuando rompa a hervir, añade las costillas. Cuécelas durante 5 minutos.
2. Retira el agua de cocción y pon las costillas bajo el agua del grifo para eliminar las «impurezas» que hayan soltado. Limpia la olla antes de usarla de nuevo.
3. En la olla limpia, añade las costillas y el resto de los ingredientes de la receta.
4. Añade agua hasta que las costillas queden cubiertas.
5. Tapa la olla y sube el fuego al máximo.
6. Cuando empiece a hervir, ponlo a fuego medio y cocina las costillas durante 1 hora con la tapa puesta. Es importante mantener la tapa, ya que las costillas se cocinarán con su propio vapor y quedarán supertiernas.
7. Pasada la hora, retira la tapa y sube el fuego al máximo.
8. Ten paciencia y deja que la salsa se reduzca. Remuévelo todo de vez en cuando para evitar que se pegue en el fondo de la olla.
9. Cuando haya espesado, emplata las costillas en su salsa con arrocito.

Tómalas sí o sí
con arrocito

Pollo

MENÚ

Alitas glaseadas

Raciones: 2 **Tiempo preparación:** 5' **Tiempo cocinado:** 20'

El secreto de estas alitas está en el glaseado: una mezcla de dulce y salado que no falla. Se hacen en la air fryer, así que no necesitas encender el horno ni manchar demasiado. Y lo mejor: la salsa queda tan caramelizada y pegajosita que acabas chupándote los dedos de lo rica que está.

- 12 alitas de pollo (600 g)

Para la salsa:

- 1 cp de gochujang
- 1 cp de crema de cacahuete
- 1 cp de aceite de sésamo
- 1 cs de salsa de soja
- 1 cs de miel
- 1 ajo rallado
- ¼ de cp de sal

1. En un bol, mezcla bien todos los ingredientes de la salsa hasta que quede homogénea.
2. Añade las alitas y remueve para impregnarlas por completo con la salsa.
3. Cocínalas en la air fryer a 180 °C durante 20-25 minutos. A mitad de la cocción, dales la vuelta para que se doren por ambos lados.
4. Durante los últimos minutos, vigílalas de cerca porque la salsa tiende a caramelizarse. Deben quedar doradas, pero sin llegar a quemarse.

No te preocupes por el picante del gochujang: le da un sabor riquísimo y casi no pica. Si, aun así, prefieres hacerlas sin picante, puedes sustituir esa cucharadita de gochujang por una más de crema de cacahuete.

Pollo al horno

Raciones: 4 **Tiempo preparación:** 15' **Tiempo cocinado:** 2 h y 15'

Este pollo al horno queda supertierno por dentro y doradito por fuera. Pero son los toppings lo que lo vuelve especial: a un lado le pongo salsa de soja con miel, y al otro, maíz con queso gratinado. Lo probé así en Seúl y me encantó la mezcla del pollo jugoso con ese toque cremoso y dulzón. Digamos que es un pollo al horno con doble personalidad... y ambas buenísimas.

- 1 pollo entero (2 kg aprox.)
- 2 cp de sal
- 1 cp de orégano
- 1 cp de curry
- un chorro de aceite de oliva

Mitad 1:
- 140 g de maíz en conserva, escurrido
- 2 cs de mayonesa
- 2 puñados de queso mozzarella

Mitad 2:
- 1 cs de miel
- 1 cs de salsa de soja

Añade más sazonador en la zona de la pechuga, ya que es más gruesa y necesita más sabor. En cambio, usa menos en las alitas y en otras zonas más finas para que no queden demasiado saladas.

1. Precalienta el horno a 180 °C con calor arriba y abajo.
2. En un bol, mezcla la sal, el orégano y el curry.
3. Abre el pollo en mariposa: colócalo con las pechugas hacia arriba, realiza un corte entre ambas con un cuchillo afilado o unas tijeras y ábrelo por completo. Dale la vuelta y presiona sobre las vértebras hasta aplanarlo.
4. Echa un chorro de aceite de oliva por ambos lados del pollo y distribúyelo con las manos.
5. Espolvorea la mezcla de especias por ambos lados y masajea el pollo para que se impregne bien.
6. Hornéalo durante 2 horas a 180 °C con la parte de la piel hacia arriba.
7. Mientras tanto, prepara los toppings:
   a. En un bol, mezcla el maíz, la mayonesa y la mozzarella.
   b. En otro, mezcla la miel con la salsa de soja.
8. Saca el pollo del horno y sube la temperatura a 220 °C.
9. Cubre una mitad del pollo con la mezcla de maíz y queso, y pincela la otra con la salsa de miel y soja.
10. Hornéalo unos 10-15 minutos más a 220 °C, hasta que el queso se derrita y la otra mitad del pollo esté bien dorada.

La receta de
mi papi

Pollo al limón

Raciones: 2 **Tiempo preparación:** 5' **Tiempo cocinado:** 10'

Este pollo al limón es uno de esos platos con los que te das cuenta de que en casa se puede comer como en un restaurante chino. Y lo mejor es que no necesitas nada raro para prepararlo.

- 1 pechuga de pollo
- 2 cs de salsa de soja
- 1 huevo
- 2 cs de harina de trigo (para el marinado)
- ½ vaso de harina de trigo (para rebozar)
- 1 dedo de aceite para freír

Para la salsa:

- ½ vaso de agua
- el zumo de ½ limón
- 1 cs de azúcar
- 1 cs rasa de maicena
- ralladura de ½ limón

1. En una olla pequeña, vierte todos los ingredientes de la salsa y remuévelos bien hasta que la maicena se disuelva por completo. Luego pon el fuego medio-alto y sigue mezclándolo todo hasta que la salsa espese. Una vez lista, retírala del fuego y resérvala.
2. Corta la pechuga de pollo en filetes finitos, de menos de 1 cm de grosor.
3. En un bol, mezcla la salsa de soja, el huevo y las 2 cucharadas de harina de trigo. Añádele el pollo y luego remuévelo bien para que se impregne.
4. En un plato aparte, añade el ½ vaso de harina de trigo. Pasa cada filete por la harina, asegurándote de que quede bien empanado por ambos lados.
5. En una sartén, calienta 1 dedo de aceite y fríe los filetes hasta que estén doraditos y crujientes. Sácalos y colócalos sobre papel de cocina para eliminar el exceso de aceite.
6. Corta el pollo en tiras, colócalo en un plato, échale la salsa por encima y no te olvides de añadir un poco de ralladura de limón, ¡le da un toque muy rico!

La salsa tiende a espesarse un poco cuando se enfría. Si ves que ha quedado demasiado espesa en el momento de servir, puedes calentarla ligeramente de nuevo para que se vuelva un poco más líquida.

Katsu curry

Raciones: 2 **Tiempo preparación:** 15' **Tiempo cocinado:** 30'

Esta es mi versión de un plato japonés llamado «katsu curry». Lo he adaptado con ingredientes muy fáciles de encontrar, pero manteniendo todo lo que me encanta de la receta original: pollo crujiente, una salsita cremosa con sabor a curry y arroz blanco para aprovechar hasta la última gota.

- 400 g de arroz blanco cocido

Para la salsa:
- 2 cebollas medianas
- 5 cs de aceite de oliva
- ¼ de cp de sal
- ½ vaso de leche
- ¼ de vaso de agua
- 2 cp de curry en polvo
- 3 cs de salsa de soja
- ½ cs de miel
- 1 cs de maicena

Para el pollo:
- 1 pechuga de pollo
- sal
- pimienta
- ¼ de vaso de harina
- 1 huevo
- ¾ de vaso de panko
- aceite de oliva o de girasol

También puedes hacer el pollo en la air fryer. Échale un chorrito de aceite y cocínalo a 200 °C durante 18-20 minutos, dándole la vuelta a mitad de la cocción.

HAZ ARROZ BLANCO

1. Tienes la receta en la página 24.

CARAMELIZA LAS CEBOLLAS

2. Corta las cebollas en juliana, y en una sartén a fuego medio póchalas con aceite de oliva y sal.
3. Tápalas y déjalas cocinar unos 15 minutos o hasta que estén caramelizadas. Remuévelas de vez en cuando para que no se quemen.

EMPANA EL POLLO

4. Mientras la cebolla se cuece, corta la pechuga por la mitad para obtener dos filetes finos.
5. Salpimiéntalos y pásalos por harina, huevo batido y panko, en ese orden.
6. Fríelos en una sartén con abundante aceite caliente hasta que estén dorados por ambos lados.

PREPARA LA SALSA

7. Cuando la cebolla esté lista, mezcla en un vaso la leche, el agua, el curry, la salsa de soja, la miel y la maicena.
8. Remuévelo bien hasta que no queden grumos. Después vierte la mezcla en la sartén con la cebolla. Cocínalo a fuego medio y removiendo, hasta que la salsa espese.

MONTA EL PLATO

9. Sirve el arroz blanco caliente en la base del plato. Añade la salsa por encima o a un lado y coloca el pollo cortado en tiras por encima.

Pollo estofado coreano

Raciones: 2 **Tiempo preparación:** 10' **Tiempo cocinado:** 40'

Este plato está inspirado en un estofado coreano que se llama «jjimdak». Aunque mucha gente piensa que toda la comida coreana es picante, esta receta demuestra que no siempre es así. Es una mezcla de sabores salados y dulces, y el pollo queda supertierno. Ahora, te confieso algo: lo que más me gusta no es el pollo, sino los fideos de boniato. Tienen una textura increíble, se empapan de toda la salsita y quedan...

- 5 muslitos de pollo (unos 600 g)
- un chorrito de aceite de oliva
- 3 vasos de agua
- 1 patata pelada
- 1 cebolla
- 2 zanahorias medianas
- 150 g de fideos de boniato

Para la salsa:

- ⅓ de vaso de salsa de soja
- 4 ajos rallados
- 2 cp de jengibre rallado
- 2 cs de miel
- 1 cs de aceite de sésamo
- ⅛ de cp de pimienta negra

1. En un vasito, mezcla todos los ingredientes de la salsa y resérvala.
2. En una olla grande a fuego fuerte, añade un chorrito de aceite de oliva y dora los muslitos de pollo por ambos lados hasta que cojan un poco de color.
3. Añade el agua y la salsa que has preparado. Ponlo a fuego medio, tapa la olla y cocínalo 20 minutos.
4. Mientras tanto, corta la patata, la cebolla y las zanahorias en trozos de unos 4 cm.
5. Pasados los 20 minutos, incorpora las verduras a la olla. Tápala de nuevo y cocínalo todo junto 15 minutos más.
6. Quita la tapa y añade los fideos de boniato directamente a la olla. Cocínalos según el tiempo indicado en el paquete (suelen ser unos 6 minutos). ¡Y listo!

A mí me encanta usar fideos de boniato porque tienen una textura chiclosa muy guay y creo que quedan muy bien en este guiso. Pero si no los encuentras, puedes usar fideos de arroz, fideos vermicelli u omitir los fideos y acompañar el plato con arroz blanco (página 24).

Pollo frito coreano

Raciones: 3 **Tiempo preparación:** 30' **Tiempo cocinado:** 20'

El pollo frito coreano es famoso mundialmente por ser superextramegacrujiente. Su fama es 100 % merecida (a ver, puede que esté sesgada porque tengo un serio problema con las cosas crujientes). Lo que lo hace tan especial es el rebozado. No queda nada aceitoso ni se ablanda fácilmente, así que es perfecto para añadirle capas extras de sabor.

- 600 g de contramuslo de pollo con piel
- 2 o 3 dedos de aceite de girasol para freír

Para el rebozado:
- 1 vaso de harina de trigo
- 1 vaso de almidón de patata (puedes usar maicena)
- 2 cp de sal
- 1 cp de curry
- 1 cp de ajo en polvo
- 1 cp de pimentón
- ½ cp de pimienta negra
- 1 cp de levadura química
- 1 vaso de agua (aprox.)

Si quieres probar el pollo con algún tipo de salsa (¡muy recomendable!), te sugiero que la dejes preparada antes de ponerte a cocinar el plato en sí. En la página siguiente te dejo dos opciones: una picantita y otra más suave.

REBOZA EL POLLO

1. Corta los contramuslos en trozos de un bocado (de unos 3-4 cm).
2. En un bol grande, mezcla todos los ingredientes del rebozado, excepto el vaso de agua.
3. Pon la mitad de esta mezcla en un táper.
4. En la mitad que has dejado en el bol, añade poco a poco 1 vaso de agua y remuévelo todo. Debe adquirir una consistencia líquida pero ligeramente espesa (algo como el yogur líquido).
5. Añade todos los trozos de pollo a esta mezcla líquida y remuévelo bien para que se impregnen todos los trozos.
6. Reboza el pollo por tandas. Pon algunos trozos del pollo en el táper de la mezcla seca. Asegúrate de escurrir el exceso de líquido antes de pasarlos al táper y deja espacio entre los trozos para que no se peguen.
7. Cierra el táper con la tapa y agítalo para que el pollo se reboce bien. Reserva estos trozos y repite el proceso con el resto del pollo.

No tengo termómetro, ¿cómo sé si el aceite está a 180 °C? Puedes hacer una prueba casera: echa un poco de la masa de rebozado en el aceite. Si flota al cabo de unos 3 segundos, el aceite ya está listo para freír. Si no flota, aún debe calentarse un poco más.

HORA DE FREÍR

8. Llena una sartén con aceite de girasol (necesitas unos 2-3 dedos de profundidad).
9. Precalienta el aceite a 180 °C y prepara un plato con papel de cocina antes de empezar a freír.
10. Fríe el pollo en 2 o 3 tandas para no saturar la sartén y para que la temperatura del aceite no baje de 150-160 °C. Procura que los trozos de pollo no se peguen entre sí.
11. Cada tanda tardará unos 7 minutos en freírse. Después coloca el pollo frito sobre el papel de cocina para que absorba el exceso de aceite.
12. Puedes servir el pollo tal cual o, si has preparado una salsa, simplemente mezclarlo y emplatarlo. A mí me gusta servir una mitad con salsa y la otra mitad sin, para disfrutarlo de ambas formas.

Salsas

Una de las cosas que hace tan especial al pollo frito coreano son las salsas que se le añaden después de freírlo. Aquí te dejo dos versiones que me encantan. Puedes hacer una sola o animarte con ambas y servir el pollo «mitad y mitad».

Opción 1. La Picantita:

- ¾ de cs de gochujang
- 1 cs de salsa de soja
- 1 cs de vinagre
- 3 cs de miel
- 1 ajo rallado
- 10 g de mantequilla
- 3 cs de agua

1. Añade los ingredientes de la salsa en una olla.
2. Calienta la olla a fuego medio y remueve durante 4-5 minutos, hasta que la salsa espese y tenga una textura parecida a la miel. Una vez lista, resérvala.
3. Cuando hayas frito el pollo, añade los trozos a la olla con la salsa y mézclalo todo hasta que queden bien impregnados.

Opción 2. La Dulzona:

- 1 cs de mantequilla
- 2 ajos picados
- 2 cs de salsa de soja
- 3 cs de miel

1. En una sartén a fuego medio, saltea los ajos con la mantequilla.
2. Cuando estén ligeramente dorados, aparta la sartén del fuego y añádele la soja y la miel.
3. Ponla de nuevo a fuego medio y remueve la salsa hasta que espese.
4. Una vez el pollo esté listo, mézclalo con la salsa hasta que quede bien impregnado.

Importante: las salsas tienden a espesarse al enfriarse. Si ves que están demasiado espesas para mezclarlas con el pollo, puedes calentarlas de nuevo un poco. Y si aun así siguen muy densas, añade unas gotitas de agua: lo justo para que las salsas vuelvan a estar más manejables, pero sin pasarte, ¡que si quedan muy líquidas pueden ablandar el rebozado!

Ternera

MENÚ

Perfecto para
llevar de táper

Bulgogi

Raciones: 3 **Tiempo preparación:** 10' **Tiempo cocinado:** 5'

El bulgogi es un marinado coreano que se elabora con ternera, cebolla, salsita de soja, aceite de sésamo... Normalmente se prepara con filetes de ternera muy muy finos, casi transparentes. Pero como eso no es tan fácil de encontrar, yo he hecho mi propia versión usando carne picada. Queda supersabroso y es de esas recetas que puedes dejar preparadas con antelación y usar cuando te venga bien. Es como tener un meal prep coreano listo en la nevera.

- 1 cebolla grande
- 400 g de carne picada de ternera
- 3 ajos rallados
- 4 cs de salsa de soja
- 2 cs de miel
- 1 cs de aceite de sésamo
- ¼ de cp de pimienta negra
- un chorrito de aceite de oliva
- 600 g de arroz blanco cocido (página 24)

1. Corta la cebolla en juliana bien finita.
2. En un bol grande, añade la carne picada, la cebolla, los ajos rallados, la salsa de soja, la miel, el aceite de sésamo y la pimienta negra.
3. Mézclalo con las manos hasta que todo quede bien integrado.
4. Puedes guardar la mezcla en la nevera durante un rato para que coja más sabor o, si tienes poco tiempo, cocinarla directamente.
5. En una sartén con un chorrito de aceite de oliva, saltea la mezcla a fuego alto y ve removiéndola de vez en cuando, hasta que la carne pierda el color rosado. No hace falta cocinarla demasiado: en cuanto cambie de color, ya estará lista.

Este bulgogi lo puedes comer de mil formas, pero una de mis favoritas es montar unos ssam, que son como unos taquitos coreanos. Para comerlos, coges una hoja de lechuga (tipo cogollo), pones un poco de arroz blanco, un poco de bulgogi... ¡y ya tienes unos bocaditos muy ricos! También lo puedes usar como relleno para unas quesadillas con queso fundido o meterlo de relleno en un gimbap.

Curry japonés

Raciones: 4 **Tiempo preparación:** 10' **Tiempo cocinado:** 35'

El curry japonés es una de mis comfort foods favoritas. Es un plato que preparo a menudo en casa y que me encanta por su sencillez. La receta tradicional se hace normalmente con bloques de curry preparados, pero yo he querido crear una versión que cualquiera pueda hacer en casa para disfrutar de un bol de curry bien calentito.

- 1 cebolla grande
- ½ calabacín
- 2 zanahorias
- 1 patata mediana pelada
- 2 dientes de ajo
- 1 trozo pequeño de jengibre (de unos 2 cm)
- 700 g de ternera en dados
- 4 cs de aceite de oliva
- 1 cp y ½ de sal
- una pizca de pimienta negra
- 1 cs de tomate concentrado (opcional)
- 3 cs rasas de harina de trigo
- 600 ml de agua
- 1,5 cp de curry en polvo

1. Corta la cebolla, el calabacín, las zanahorias y la patata en trozos de 2 cm por cada lado aproximadamente.
2. Pica los ajos y el jengibre en trocitos muy pequeños.
3. Tras cortar todos los ingredientes, calienta una olla a fuego fuerte. Agrega el aceite de oliva, los trozos de ternera, 1 cucharadita de sal y una pizca de pimienta negra.
4. Cocina la ternera a fuego fuerte hasta que esté doradita. En este punto, añade las verduras, la patata, el ajo, el jengibre, el tomate concentrado y ½ cucharadita más de sal.
5. Saltéalo todo a fuego alto durante 4-5 minutos.
6. Añade la harina de trigo y saltéalo 2 minutos más, removiendo constantemente.
7. Agrega el agua y el curry en polvo. Remuévelo un poco y espera a que hierva.
8. Cuando empiece a hervir, tapa la olla, baja el fuego y deja que se cocine 25 minutos. Remuévelo de vez en cuando para que no se formen grumos.
9. Puedes aprovechar este rato para preparar arroz blanco (página 24) o fideos hervidos para acompañar este estofado.
10. Cuando la salsa haya espesado, el estofado estará listo.

- Si ves que la salsa queda demasiado espesa, puedes echar un pelín más de agua mientras se está cocinando.
- Esta receta es muy «flexible». Puedes cambiar alguna verdura por otra que te guste más, o sustituir la ternera por pollo, y quedará igual de rica.

Hamburguesa teriyaki

Raciones: 2 **Tiempo preparación:** 10' **Tiempo cocinado:** 15'

Estas hamburguesitas llevan cebolla pochada por dentro y una salsa por fuera que está inspirada en la teriyaki, pero adaptada con ingredientes sencillos, de los que sueles tener en casa. Piden a gritos un buen cuenco de arroz…, pero, ojo, también pueden quedar muy bien dentro de un panecillo de burger.

- 1 cebolla grande
- aceite de oliva
- sal
- 400 g de carne picada de ternera
- ¼ de cp de pimienta negra

Para la salsa teriyaki:

- ¼ de vaso de agua
- 5 cs de salsa de soja
- 2 cs de miel
- 2 cs de vinagre de vino blanco

1. En un vaso, mezcla todos los ingredientes de la salsa teriyaki y resérvala.
2. Pica la cebolla en cubitos pequeños (entre 0,5 y 1 cm).
3. Saltéala en una sartén a fuego medio con un chorrito de aceite y una pizca de sal. Tapa la sartén para que se caramelice más rápido. Remuévela de vez en cuando y cocínala hasta que esté bien dorada y blandita.
4. En un bol, mezcla bien la carne picada con la cebolla caramelizada, ½ cucharadita de sal y la pimienta negra. Hazlo con las manos para que la cebolla se integre bien con la carne.
5. Divide la mezcla en 4 porciones iguales y luego forma hamburguesas de unos 2 cm de grosor.
6. En una sartén a fuego alto, dora las hamburguesas con un poco de aceite hasta que queden ligeramente doradas por fuera.
7. Añade la salsa que habías reservado y pon el fuego medio-alto. Cocínalo todo junto hasta que la salsa se reduzca y espese ligeramente. Ten paciencia, cuanto más se evapore el agua, más concentrada y brillante quedará la salsa.
8. Sirve las hamburguesas con arroz blanco recién hecho para aprovechar toda la salsita (receta del arroz en la página 24).

Ternera al estilo chino

Raciones: 3 **Tiempo preparación:** 15' + 20' de reposo **Tiempo cocinado:** 8'

¿Sabes esa ternera tiernísima que sirven en los restaurantes chinos? Pues con esta receta puedes conseguir lo mismo en casa. El secreto está en marinar la carne, un paso sencillo que marca toda la diferencia.

Para la carne:

- 450 g de entrecot de ternera
- ½ cp de levadura química
- 1 cs de maicena
- 3 cs de agua
- un chorrito de aceite oliva

Para la salsa:

- ½ vaso de agua
- 7 cs de salsa de soja
- 1 cs de maicena
- 1 cs de azúcar
- 2 dientes de ajo rallados
- 1 cp de jengibre rallado
- pimienta negra

Para las verduras:

- 1 zanahoria mediana
- 1 pimiento verde
- ½ calabacín
- ½ cebolla
- un chorrito de aceite

1. Corta el entrecot en tiras finas y ponlo en un bol. Añade la levadura química, la maicena, el agua y el aceite.
2. Mézclalo todo bien y déjalo marinar unos 20 minutos.
3. Mientras tanto, mezcla todos los ingredientes de la salsa en un vaso y resérvala.
4. Corta las verduras en trozos pequeños, de unos 3 cm.
5. En una sartén grande, saltea las verduras a fuego fuerte con un chorrito de aceite. Deben quedar al dente, no muy hechas. Unos 3 minutos serán suficientes.
6. Retira las verduras y, en la misma sartén, añade un poco más de aceite y saltea la ternera.
7. Cuando la carne esté casi lista, justo al cambiar de color, retírala de la sartén y resérvala.
8. Remueve la salsa que habías reservado y viértela en la sartén a fuego medio.
9. Cocínala y ve removiéndola, hasta que espese ligeramente.
10. Añade las verduras y la carne a la sartén, mezcla bien y saltéalo todo junto 1 minuto más.
11. Disfrútala con fideos o arroz blanco (página 24).

Este marinado es el secreto para que la carne de los restaurantes chinos quede taaan tierna. ¡Lo puedes hacer con pollo, cerdo o incluso gambas!

La carne queda supertierna

Pescado y marisco

MENÚ

Gambones con mantequilla de gochujang

Raciones: 2 **Tiempo preparación:** 10' **Tiempo cocinado:** 5'

Gambones jugosos, mantequilla derretida con ajo y gochujang, un toque cítrico de limón por encima… Esta receta es tan simple como irresistible. Para chuparse los dedos, literalmente.

- 14 gambones o langostinos
- una pizca de sal
- 2 ajos
- 40 g de mantequilla
- 1 cp de gochujang
- 1 limón

Una vez termines los gambones, no desaproveches la salsa restante. Te recomiendo mojarla con pan o, si tienes arroz blanco a mano, mézclalo con la salsita… y ya tienes otro plato que está para morirse.

1. Pela los gambones y quítales la tripa. Te recomiendo dejarles la cabeza para que suelten más sabor al cocinarse.
2. Espolvorea una pizca de sal sobre los gambones y pica los ajos.
3. En una sartén grande y con el fuego apagado, añade la mantequilla, los ajos picados y el gochujang.
4. Ponla a fuego medio y remueve la mezcla. Cuando la mantequilla se derrita, saltea los ajos unos 30 segundos, asegurándote de que no se quemen.
5. Añade los gambones, cocínalos hasta que estén hechos al 80 % aproximadamente y apaga el fuego. Terminarán de cocinarse con el calor residual, así que no te preocupes si te parece que no están del todo hechos.
6. Justo antes de servir, ralla un poco de piel de limón por encima y acompáñalos con unos gajos de limón para exprimir unas gotitas si te apetece.

Langostinos crujientes con Coco

Raciones: 2 **Tiempo preparación:** 20' **Tiempo cocinado:** 5'

Puede que el coco no sea lo primero en lo que pienses si quieres rebozar unos langostinos, pero créeme: combinan sorprendentemente bien. Crujientes, sabrosos y con una textura que engancha. Acompáñalos con una mayonesa especiada y ya tienes un entrante de diez.

- 16 langostinos
- ⅔ de vaso de panko
- 4 cs de coco rallado
- 2 cs de harina
- 1 huevo
- ½ cp de sal
- un dedo de aceite de girasol

Para la salsa:
- 2 cs de mayonesa
- ½ de cp pimentón picante

1. Pela los langostinos y quítales la tripa.
2. En un bol, mézclalos con sal, huevo y harina hasta que queden bien cubiertos.
3. En otro bol, mezcla el panko con el coco rallado. Este será el rebozado crujiente.
4. Pasa los langostinos por la mezcla de panko y coco uno por uno, asegurándote de que quedan bien rebozados.
5. Calienta un dedo de aceite en una sartén a fuego medio-alto. Cuando esté caliente, fríe los langostinos hasta que queden dorados y crujientes.
6. Puedes servirlos tal cual y con unas gotitas de limón o acompañarlos con una salsita de mayonesa y pimentón.

Si no tienes coco rallado, puedes sustituirlo por semillas de sésamo.

Merluza al estilo chino

Raciones: 2 **Tiempo preparación:** 5' **Tiempo cocinado:** 15'

En casa, cuando había algo que celebrar, mi padre casi siempre preparaba un pescado al estilo chino. Lo típico es hacerlo con un pescado entero, pero a mí me gusta más con lomos de merluza: no tienen espinas y son más fáciles de comer.

Y como en muchas otras recetas de este libro, a mí me encanta comerlo con arroz. ¡Así aprovechas bien la salsita del pescado!

- 300 g de lomos de merluza
- 10 g de jengibre fresco
- una pizca de sal
- 1 ajo tierno
- 2 cs de salsa de soja
- 2 cs de vinagre de vino blanco
- 3 cs de aceite de oliva
- un poco de cilantro (opcional)

En esta receta he cocinado el pescado al papillote, que es una forma de simular la cocción al vapor usando el horno. Pero si tienes una vaporera en casa, úsala sin problema: el resultado será igual de jugoso y delicado.

1. Precalienta el horno a 220 °C con calor arriba y abajo.
2. Corta el jengibre y el ajo tierno en tiras muy finas (tan finas como puedas).
3. Para cocinar la merluza al vapor, usaremos la técnica papillote. Para hacerlo:
   a. Dobla una hoja de papel de horno por la mitad y vuelve a abrirla.
   b. Sobre una de las mitades, coloca los lomos de merluza y reparte por encima el jengibre y la sal.
   c. Cubre la merluza con la otra mitad del papel y cierra bien el papillote doblando los bordes. No importa cómo lo dobles, lo importante es que quede bien sellado para que el vapor no se escape.
4. Hornéalo unos 15 minutos. El tiempo puede variar según el grosor de la merluza.
5. Mientras tanto, mezcla en un bol pequeño la salsa de soja con el vinagre de vino blanco.
6. Pasados los 15 minutos, saca el papillote del horno y ábrelo con mucho cuidado (saldrá vapor muy caliente).
7. Reparte el ajo tierno por encima de la merluza.
8. En una sartén pequeña, calienta las 3 cucharadas de aceite de oliva. Cuando esté muy caliente y empiece a humear, viértelo sobre el ajo tierno para que chisporrotee. ¡Hazlo con mucho cuidado porque el aceite salpicará!
9. Añade la mezcla de salsa por encima, decora con un poco de cilantro y sírvelo inmediatamente.

Rollitos vietnamitas

Raciones: 1 **Tiempo preparación:** 20' **Tiempo cocinado:** 5'

Lo bueno de esta receta es que puedes improvisar con lo que tengas en casa. En vez de langostinos, puedes usar pollo, tofu o incluso alguna carne que te haya sobrado. Y lo mismo sirve para las verduras: pon las que tengas a mano. A mí esta combinación me encanta, pero siéntete libre de usar lo que más te guste.

- 12 langostinos
- 1 zanahoria
- 1 pepino pequeño
- ½ mango
- unas cuantas hojas de menta
- 4 obleas de arroz
- salsa de cacahuete

Cuando añadas el relleno sobre las obleas, muchas veces ya estarán lo suficientemente blandas para cerrarlas sin problemas. Pero si notas que siguen un poco rígidas, espera unos 10-20 segundos más. Ya verás que se irán ablandando y te resultará mucho más fácil manejarlas.

1. Pon agua a hervir en una olla y, cuando burbujee, añade los langostinos. 1 o 2 minutos de cocción serán suficientes.
2. Saca los langostinos, pásalos por agua fría y pélalos. Sécalos con papel de cocina para que no queden húmedos.
3. Corta la zanahoria, el pepino y el mango en tiras finitas, tipo juliana.
4. Deshoja unas cuantas hojas de menta.
5. Llena un plato hondo o una bandeja amplia con agua a temperatura ambiente. Sumerge una oblea de arroz unos 10 segundos, retírale el exceso de agua y colócala sobre una superficie limpia.
6. En el centro de la oblea, coloca un poco de zanahoria, pepino, mango, 3 langostinos y unas hojitas de menta. Cuando la oblea esté bien flexible, dobla los laterales hacia dentro y enróllala con cuidado, como si hicieras un burrito. Repite el proceso con todas las obleas.
7. Sírvelas con la salsa de cacahuete (página 42). La salsa en este plato lo es todo. No te la saltes, porque le da un toque increíble.

La salsa es
lo mejor !!

Salmón con miso

Raciones: 2 **Tiempo preparación:** 5' + 20' de marinado **Tiempo cocinado:** 14'

Lo confieso: me encanta el salmón, pero odio el olor que queda en casa después de cocinarlo. Por eso esta receta en air fryer me parece una maravilla: no huele, la salsa queda superrica y, lo mejor de todo, se hace en nada de tiempo. Es de esas recetas que dices: «¿Tan fácil?, ¿en serio?».

- 4 lomos de salmón (unos 500 g)

Para la salsa:
- 4 cs de salsa soja
- 1 cs de miel
- 1 cs de aceite de sésamo
- ½ cs de miso
- 1 ajo rallado

- Los lomos de salmón que he usado para esta receta tenían 4 cm de grosor. Si usas lomos más finos, se cocinarán más rápido y, si son más gruesos, necesitarán un poco más de tiempo.
- Si no tienes miso en casa, no pasa nada. Lo puedes sustituir por ½ cucharadita de gochujang, que también queda muy bien.

1. En un bol grande, mezcla todos los ingredientes de la salsa.
2. Añade el salmón y báñalo bien por ambos lados. Déjalo marinar durante 20 minutos a temperatura ambiente.
3. Una vez marinado, colócalo en la air fryer con la piel hacia abajo y cocínalo a 180 °C durante 12 minutos. Algo muy importante: no tires la salsa sobrante, porque la necesitarás después.
4. Pasado ese tiempo, vierte por encima del salmón la salsa restante y cocínalo 2 minutos más para que se caramelice un poco.
5. Acompaña el salmón con lo que quieras. No se me ocurre mejor combo que combinarlo con arroz blanco (página 24) y sopa de miso (página 178).

Tartar de atún

Raciones: 2 **Tiempo preparación:** 15' **Tiempo cocinado:** 5'

Este es uno de esos platos que hacen efecto «wow» en la mesa. Una base de aguacate cremoso, atún marinado y un poco de mango fresco por encima. Lo sirvo con chips de wonton crujientes y queda increíble. Parece un plato de restaurante y es muy fácil de montar en casa. Ideal si tienes invitados y te apetece hacer algo especial sin complicarte mucho.

- ⅛ de cebolla
- ½ mango
- 250 g de lomo de atún
- ¾ de cp de gochujang
- 2 cp de aceite de sésamo
- 2 cs de salsa de soja
- 1 aguacate
- el zumo de ¼ de limón

Para el crujiente de wonton:

- 10 obleas de wonton
- aceite de girasol
- una pizca de sal

1. Pica la cebolla en trocitos muy pequeños y corta el mango en daditos de unos 0,5 cm. Resérvalo todo.
2. Corta el lomo de atún en trozos pequeños, de entre 0,5 y 1 cm aproximadamente.
3. En un bol, mezcla el gochujang, el aceite de sésamo y la salsa de soja. Remuévelo hasta que el gochujang se disuelva por completo y quede una salsa uniforme.
4. Añade el atún y la cebolla a esta mezcla y remuévelo para que se impregne bien de todo el sabor.
5. Tritura el aguacate con el zumo de limón hasta obtener una crema suave.
6. Emplata con la crema de aguacate como base, el atún marinado por encima y, finalmente, los daditos de mango.
7. Para el crujiente de wonton: corta las obleas por la diagonal y fríelas en aceite caliente de girasol (a unos 170 °C). Dales la vuelta para que se doren bien por ambos lados. Sabrás que están listas cuando el aceite deje de burbujear y apenas haga ruido. Sácalas, escúrrelas sobre papel de cocina y añádeles una pizca de sal.

Te recomiendo preparar el crujiente de wonton para esta receta: queda ligero, doradito y combina de maravilla con el atún. O si prefieres algo más sencillo, también puedes acompañar el atún con chips de maíz o tostaditas crujientes. Lo importante es que haya algo crujiente que aporte un contraste de texturas. ¡El qué ya es cosa tuya!

Verduras

MENÚ

Col con mantequilla de miso

Raciones: 2 **Tiempo preparación:** 5' **Tiempo cocinado:** 15'

Parece mentira que una verdura tan básica como la col pueda convertirse en algo tan bueno. Queda blandita, dulce y bañada en una salsa que es puro umami. Si pensabas que la col era solo para hacer sopa… esta receta viene a llevarte la contraria.

- ¼ de col
- sal
- pimienta
- un chorrito de aceite de oliva
- ⅓ de vaso de agua
- 40 g de mantequilla
- 1 cp de miso
- 1 cs de miel

Si no tienes miso, puedes sustituirlo por 1 cucharadita de gochujang o por 1 cucharada de salsa de soja. El resultado será distinto, pero igual de sabroso.

1. Parte el trozo de col por la mitad, manteniendo el tallo intacto. Es importante no quitarlo, para evitar que se desmonte al cocinarla.
2. Salpimiéntala ligeramente por ambos lados.
3. En una olla honda, añade un chorrito de aceite y dora la col a fuego fuerte por ambos lados, hasta que coja un poco de color.
4. Cuando esté dorada, añade ⅓ de vaso de agua, tapa la olla y cocínala a fuego medio 10 minutos.
5. Mientras tanto, derrite la mantequilla y mézclala con el miso y la miel. Reserva.
6. Pasados los 10 minutos, destapa la olla y deja que el agua se evapore casi por completo.
7. Añade la mezcla de mantequilla, miso y miel por encima de la col. Espárcela bien por ambos lados para que coja todo el sabor.
8. Sírvela caliente, con toda esa mantequilla derretida tan rica por encima.

Edamames

Raciones: 2 **Tiempo preparación:** 1' **Tiempo cocinado:** 5'

Los edamames son como la versión asiática de las pipas: a la que empiezas, no puedes parar de comerlos. En esta receta te enseño a prepararlos como en los restaurantes. El gran secreto está en salar muy bien el agua y no pasarte con el tiempo de cocción para que queden en su punto.

- 1 L de agua
- 2 cs de sal fina
- una pizca de sal gruesa
- 2 puñados de edamames congelados

1. Pon a hervir 1 L de agua con 2 cucharadas de sal fina.
2. Cuando el agua hierva, añade los edamames congelados y cocínalos durante 5 minutos aproximadamente (o según las instrucciones del paquete).
3. Después de hervirlos, ponlos en un colador y deja que el agua de cocción se evapore durante 2 minutos.
4. Añade una pizca de sal gruesa sobre los edamames hervidos.

Tras cocer los edamames, nunca los pases bajo el agua del grifo, ya que se empaparían y perderían ese toque salado tan rico que se ha logrado al hervirlos con agua y sal.

Diferentes formas de servir los edamames

Una vez hervidos, los edamames se pueden personalizar de mil formas. Son como una base en blanco: les puedes añadir lo que más te guste para cambiarles el sabor. Aquí te dejo algunas ideas fáciles para darles un toque distinto:

- **Laoganma.** Yo suelo usar ½ cucharadita pequeña, lo justo para que cada bocado tenga un toque picante. Mézclalo bien para que se reparta por todos lados.
- **Salsa tartufata.** 1 cucharadita de postre por cada 2 puñados de edamames es suficiente para darles ese aroma a trufa que los convierte en un aperitivo más especial.
- **Parmesano y ralladura de limón.** El parmesano se funde un poco con el calor de los edamames, y la ralladura de limón les da frescor. Es una preparación simple, distinta y funciona muy bien.
- **Aceite de sésamo y sal en escamas.** Con 1 cucharadita de postre de aceite de sésamo tienes más que suficiente para añadirle ese sabor tostado tan característico a los edamames.

Ensalada de pepino, aguacate y mango

Raciones: 2 **Tiempo preparación:** 10' **Tiempo cocinado:** 0'

Esta receta es tan simple como resultona. Es fresca, sabrosa y se prepara en un momento. Me gusta mucho porque el contraste del pepino crujiente, el aguacate cremoso y el mango dulce queda genial, y con el aliño justo tienes un plato que apetece a cualquier hora.

- 2 pepinos pequeños (yo uso los persa)
- 1 aguacate
- ½ mango
- 1 cs de salsa de soja
- 1 cs de aceite de oliva
- 1 cs de vinagre de vino blanco
- sal al gusto

1. Corta los pepinos, el aguacate y el mango en cuadraditos de aproximadamente 1 cm.
2. Ponlo todo en un bol y añade la salsa de soja, el aceite de oliva y el vinagre de vino blanco.
3. Mézclalo bien y pruébalo antes de servir. Puede que necesites añadir una pizquita de sal.

Si no tienes mango en casa o te apetece variar, puedes cambiarlo por otras frutas que tengas a mano. Fresas, melocotón o incluso manzana quedan también muy bien.

"Falsa" ensalada César

Raciones: 2 **Tiempo preparación:** 5' **Tiempo cocinado:** 5'

A simple vista parece una César, pero en cuanto la pruebas, sabes que no. La salsa es cremosa y con sabores asiáticos, los cogollos están pasados por la plancha y en vez de pan lleva panko crujiente. El conjunto da a cada bocado una textura, un sabor y un punto diferentes que me encantan.

- 3 cogollos de lechuga
- 3 cs de panko
- 1 cs de aceite de oliva
- mucho queso parmesano rallado

Para la salsa:

- 1 cs de semillas de sésamo
- 2 cs de mayonesa
- 2 cs de aceite de sésamo
- 2 cs de salsa de soja
- 1 cs de vinagre de vino blanco
- 1 cp de miel

1. Corta cada cogollo a lo largo en 4 partes iguales.
2. En un bol pequeño, prepara la salsa mezclando todos los ingredientes.
3. Añade el panko y 1 cucharada de aceite de oliva a una sartén a fuego medio. Saltéalo hasta que el panko se dore. Resérvalo.
4. Limpia esta misma sartén con una servilleta y ponla a fuego fuerte. Cuando veas que empieza a humear, añade 1 cucharada de aceite de oliva y dora los cogollos durante 30-60 segundos. Queremos que cojan algo de color, pero sin que se cocinen del todo.
5. Emplátalo poniendo los cogollos como base, añade la salsa por encima, espolvorea el panko como topping y termina con mucho parmesano rallado.

- Cuando tuestes el panko, remuévelo constantemente y quédate cerca. Se dora muy rápido; si te despistas un poco, ¡se quemará!
- Si los cogollos son pequeños, pártelos por la mitad y no en 4 partes, para que no queden demasiado hechos.

Okonomiyaki

Raciones: 1 **Tiempo preparación:** 10' **Tiempo cocinado:** 10'

Okonomiyaki significa algo así como «lo que quieras a la plancha». Y es justo eso: una tortilla japonesa con base de col y lo que tengas en la nevera. Esta es mi forma de hacerlo, simple pero resultona.

Para la masa:

- 1 huevo
- 3 cs de harina de trigo
- ½ cp de sal
- ¼ de cp de levadura química
- ¼ de vaso de agua

Para el relleno:

- 2 vasos de col cortada (230 g)
- ½ vaso de ajos tiernos cortados (60 g)
- 6 langostinos
- un chorrito de aceite de oliva

Para los toppings:

- 2 cs de salsa okonomiyaki (página 42, para la opción casera)
- ½ cs de mayonesa
- 1 cp de mostaza
- Katsuobushi

1. En un bol, mezcla el huevo, la harina, la sal, la levadura química y el agua hasta que tengas una masa homogénea sin grumos. Déjala reposando un momento.
2. Mientras tanto, corta la col y los ajos tiernos en trozos pequeños (1,0-1,5 cm aprox.). Pela también los langostinos y córtalos por la mitad.
3. Añade la col, los ajos tiernos y los langostinos a la masa y mézclalos hasta que queden bien integrados.
4. Calienta una sartén antiadherente a fuego medio con un chorrito de aceite. Vierte la mezcla en la sartén y, con una espátula, dale una forma circular (de unos 20 cm de diámetro). Presiona ligeramente para compactarla; debería tener un grosor de unos 2 cm.
5. Cocina la masa con la tapa puesta durante 3-4 minutos o hasta que la base esté dorada.
6. Retira la tapa y dale la vuelta con cuidado. Para hacerlo más fácil, coloca un plato sobre la sartén, voltea la masa sobre él y deslízala de nuevo en la sartén.
7. Cocínala otros 3-4 minutos, pero esta vez sin tapa. Una vez dorada por ambos lados, retírala del fuego y colócala en un plato.
8. Cubre la superficie con salsa okonomiyaki, mayonesa y un poco de mostaza.
9. Espolvorea katsuobushi por encima y sírvelo caliente.

- Si no tienes katsuobushi, puedes usar alga nori. Córtala en tiras finas con unas tijeras y ponla por encima.
- Puedes personalizar el okonomiyaki con otros ingredientes, como beicon, queso o incluso kimchi, ¡pruébalo a tu manera!

Pancake de kimchi

Raciones: 1 **Tiempo preparación:** 5' **Tiempo cocinado:** 10'

Crujiente, salado, con un toque picante…, este pancake de kimchi tiene todo lo que me gusta en un plato rápido. Se prepara en un instante y es perfecto para picar, para compartir o para una cena informal con una cerveza fría al lado.

- ½ vaso de kimchi (página 26)
- 2 cs de harina de trigo
- 2 cs de maicena
- ¼ de vaso de agua
- 2 cs de aceite de oliva

1. Corta el kimchi en trocitos pequeños.
2. En un bol, mezcla el kimchi con la harina, la maicena y el agua hasta obtener una masa uniforme.
3. Calienta una sartén antiadherente a fuego medio y añade 2 cucharadas de aceite de oliva.
4. Cuando el aceite esté caliente, vierte la masa en la sartén y extiéndela hasta que tenga un grosor de entre 0,5 y 1 cm.
5. Cocina la masa hasta que la base quede bien doradita, luego dale la vuelta con cuidado y deja que se dore por el otro lado.
6. Una vez esté crujiente por ambos lados, retírala y córtala en trozos para servir.
7. Puedes comer el pancake tal cual o acompañarlo con una salsa de soja y vinagre (salsa para dumplings, página 42).

No pongas el fuego muy fuerte, porque la masa se puede quemar fácilmente por fuera antes de que se cocine bien el interior. El truco es dejarlo un buen rato a fuego medio para que se dore lentamente y quede crujiente sin quemarse.

Sunomono

Raciones: 2 **Tiempo preparación:** 15' **Tiempo cocinado:** 0'

Soy EXTRAFÁN del pepino, ¡es una de mis verduras preferidas del mundo mundial! Esta receta es increíble: crujiente, refrescante, ácida... Lo tiene todo.

Te recomiendo hacer bastante cantidad y dejar el sunomono preparado en la nevera. Así podrás servirte una ración en cualquier momento para acompañar tus comidas.

- 4 pepinos pequeños
- ½ cp de sal

Para la salsa:

- 3 cs de vinagre de vino blanco
- 2 cs de salsa de soja
- 1 cs y ½ de azúcar
- 1 cs de semillas de sésamo
- 1 cs de aceite de sésamo

1. Corta los pepinos en rodajas finas de 1 mm de grosor. Si tienes una mandolina, úsala para facilitar el corte y que las rodajas queden perfectas; si no, un cuchillo también va bien.
2. Añade la sal al pepino cortado. Mézclalo y masajéalo.
3. Deja reposar los trozos de pepino 10 minutos. La sal hará que expulsen el exceso de agua.
4. Mientras tanto, mezcla todos los ingredientes para la salsa en un bol.
5. Pasados los 10 minutos, retira el agua que han soltado los pepinos y estrújalos con las manos para que acaben de soltar toda el agua posible.
6. Añade la salsa que has preparado antes, mézcla, y disfruta de esta ensalada de pepino japonesa.

Es importante elegir buenos pepinos. Te recomiendo los holandeses o persas, que tienen la piel más fina y las pepitas más pequeñas.

Un vicio jeje

Dumplings

MENÚ

Empanadillas chinas

Raciones: 32 unidades **Tiempo preparación:** 60' **Tiempo cocinado:** 15'

No te voy a engañar: hacer empanadillas chinas lleva su tiempo. Pero si tienes una tarde tranquila, es un planazo. Música o pódcast… ¡y a disfrutar del proceso!

- Masa de dumplings
- 2 ajos tiernos
- 300 g de col
- 2 cp de jengibre fresco rallado
- 250 g de carne picada de cerdo
- 3 cs de salsa de soja
- ½ cp de sal
- ⅙ de cp de pimienta negra
- 1 cs de aceite de sésamo
- 2 chorritos de aceite de oliva

PREPARA LA MASA

1. Puedes usar masa de dumplings congelada o hacerla casera siguiendo la receta de la página 32. Si la haces tú, aprovecha el tiempo de reposo de la masa para preparar el relleno.

PREPARA EL RELLENO

2. Pica muy finitos los ajos tiernos y la col.
3. En un bol grande, mezcla la carne picada con los ajos tiernos, la col, el jengibre rallado, la salsa de soja, la sal, la pimienta y el aceite de sésamo.
4. Mézclalo todo muy bien con las manos estrujando ligeramente la col para que se integre con la carne.

RELLENA LAS EMPANADILLAS Y DALES FORMA

5. Colócate una oblea en la palma de la mano izquierda.
6. Agrega 1 cucharada de relleno en el centro de la oblea. Si te resulta sencillo cerrar los dumplings, puedes añadir media cucharadita más.
7. Cierra la empanadilla como se muestra en la página siguiente.

Cómo dar forma

COCINA LAS EMPANADILLAS

8. En una sartén antiadherente, calienta un chorrito de aceite de oliva a fuego medio.
9. Coloca tantas empanadillas como quepan en la sartén, sin amontonarlas.
10. Añade agua (aproximadamente ½ vaso para 12 dumplings).
11. Tapa la sartén y cocínalas a fuego medio hasta que el agua casi se haya evaporado.
12. Retira la tapa, añade otro chorrito de aceite de oliva y cocínalas hasta que se doren por la base.
13. Cuando estén doradas, coloca un plato sobre la sartén y dales la vuelta para emplatarlas.
14. Acompáñalas con una salsita para dumplings (página 42).

¿Qué hacer si me sobran empanadillas?

Con esta receta salen bastantes empanadillas, así que, si te sobran, no te preocupes: se pueden congelar sin problema. Para hacerlo bien:

1. Colócalas en una bandeja con papel de horno, separadas entre sí para que no se peguen.
2. Mételas en el congelador así, tal cual, y déjalas hasta que estén completamente congeladas.
3. Una vez congeladas, saca la bandeja y dale unos golpecitos suaves contra la encimera para despegarlas.
4. Luego, puedes guardarlas juntas en una bolsa o en un táper: como ya están congeladas, no se pegarán entre ellas.
5. Cuando las quieras cocinar, no hace falta descongelarlas. Cocínalas directamente, igual que harías con las frescas, pero añade un poco más de agua y dales unos minutos extra para que se hagan bien por dentro.

CÓMO CONGELAR

Gyozas extracrujientes

Raciones: 1 **Tiempo preparación:** 2' **Tiempo cocinado:** 8'

Hace unos años, mi hermana me llevó a un restaurante japonés y probamos unas gyozas con una capa crujiente que no había visto nunca. Esa capa hacía que las gyozas fueran preciosas y mucho más crunchies.

Intenté hacer esa capa en casa muchas veces y nunca conseguía que me quedara igual. Pero después de mil intentos, ¡lo logré! Al fin puedo decir que he dado en el clavo con esta receta.

- 6-8 gyozas congeladas
- 1 cs de aceite de oliva

Para la mezcla de la capa crujiente:

- ⅓ de vaso de agua
- 1 cp rasa de harina de trigo
- ½ cp de maicena
- una pizca de sal
- 2 cs de aceite de oliva

1. En un vaso, mezcla los ingredientes para la capa crujiente y resérvalo.
2. Calienta una sartén antiadherente a fuego medio y añade 1 cucharada de aceite de oliva.
3. Coloca las gyozas en la sartén, dejando un poco de espacio entre ellas.
4. Remueve la mezcla de la capa crujiente y échala por encima de las gyozas.
5. Cuando la mezcla hierva, tapa la sartén y deja que se cocine a fuego medio unos 5 minutos.
6. Pasado ese tiempo, quita la tapa, baja un poco el fuego y espera a que la mezcla se dore y se forme la capa crujiente.
7. Cuando las gyozas estén hechas, coloca un plato un poco más pequeño que la sartén sobre las gyozas, inclina la sartén sujetando el plato y retira el exceso de aceite con cuidado.
8. Tras retirar el aceite, dale la vuelta a la sartén y sírvelas sobre el plato (como si emplataras una tortilla de patatas).
9. Acompáñalas con una salsa para dumplings (página 42) y… ¡ten cuidado al comerlas, porque estarán ardiendo!
10. En la siguiente página te dejo más ideas y consejos.

EL ARTE DE LA CAPA CRUJIENTE

Consejos importantes

- No hace falta descongelar las gyozas. Pásalas directamente del congelador a la sartén.
- Usa una buena sartén antiadherente para que la capa crujiente te quede perfecta y las gyozas no se peguen.
- Si ves que la capa se está dorando más de un lado que del otro, mueve ligeramente la sartén para que el calor se reparta mejor.
- No muevas las gyozas una vez las tengas colocadas. Déjalas tranquilas hasta que la base esté dorada.

Juega con esta receta

- Puedes añadir curry en polvo o tinta de calamar a la mezcla de agua y harina para elaborar capas crujientes con sabores y colores distintos.
- También puedes ponerles salsas por encima. Yo a veces las convierto en gyozas okonomiyaki: las cubro con salsa okonomiyaki, mayonesa y katsuobushi. Queda muy divertido.

Una receta
para experimentar

Baogers "Big Mac"

Raciones: 16 unidades **Tiempo preparación:** 30' + 1 h de reposo **Tiempo cocinado:** 15'

Estos minibaogers están entre mis comidas favoritas del libro. Llevan panecillos tipo bao, bien esponjosos y con una capita crujiente por abajo. Van rellenos de carne de ternera, queso fundido y, por encima, esa salsita estilo Big Mac que lo remata todo de maravilla.

- 1 masa mágica
- ½ vaso de agua
- aceite

Para el relleno:
- 250 g de carne picada de ternera
- 1 cp de mostaza
- ¼ de cebolla
- ½ cp de sal
- ⅛ de cp de pimienta negra
- 1 puñado de queso rallado

Para la salsa:
- 1 cs de mayonesa
- 1 cs de kétchup
- ½ cs de mostaza
- 1 cs de pepinillos picados
- ½ cs de vinagre de vino blanco

Te recomiendo cocer los baos en una sartén grande. Si no te caben todos de una vez, puedes hacerlos en tandas, no pasa nada. En una sartén de unos 26 cm de diámetro deberían caber todos sin problema.

1. Prepara la masa mágica siguiendo las instrucciones de la página 30. Mientras fermenta, haz el relleno y la salsa.
2. Pica la cebolla finita, mézclala en un bol con el resto de los ingredientes del relleno y resérvalo.
3. Mezcla todos los ingredientes de la salsa y resérvala.
4. Cuando la masa haya fermentado, desgasifícala dándole unos golpecitos para sacarle el aire, amásala 3 minutos y divídela en 16 porciones. Para hacerlo fácil, corta la masa por la mitad, forma 2 churros largos y corta cada uno en 8 trozos.
5. Enharina ligeramente los trozos de masa y estira cada uno de ellos hasta obtener un círculo de unos 9 cm de diámetro.
6. Rellena los baos uno a uno. Añade 1 cucharadita generosa de relleno en el centro de cada masa y junta todos los bordes para sellarlos bien. Si se acumula demasiada masa en la parte superior al cerrar los bordes, pellízcala y quítale el exceso.
7. Calienta una sartén antiadherente con un buen chorro de aceite y coloca los baos con la parte sellada hacia abajo. Añade ½ vaso de agua y tapa la sartén. Cocínalos a fuego medio unos 9 minutos (o hasta que casi toda el agua se haya evaporado).
8. Cuando quede muy poca agua, retira la tapa, añade un chorrito más de aceite y deja que se doren por la base a fuego medio-alto. Vigila que no se quemen.
9. Cuando estén doraditos, coloca un plato encima de la sartén y dale la vuelta para servir los baos con la parte tostada hacia arriba. Ah... ¡No te olvides de acompañarlos con la salsa!

Rollitos de primavera

Raciones: 14 unidades **Tiempo preparación:** 30' **Tiempo cocinado:** 30'

Los rollitos de primavera, además de estar deliciosos, tienen un significado bastante curioso. Es típico comerlos en el Año Nuevo chino porque tienen una forma parecida a los lingotes de oro. Mucha gente cree que comerlos en estas fechas les traerá buena suerte y riqueza. Así que ¡todo el mundo a comer rollitos!

- Obleas Spring Roll Pastry
- 1 zanahoria
- 350 g de col
- 20 g de jengibre
- 4 cs de aceite de oliva
- 250 g de carne picada de cerdo
- 1 cp de sal
- pimienta negra al gusto
- 2 cs de salsa de soja
- aceite para freír

Para la pasteta para pegar los rollitos:

- 1 cs de harina
- 2 cs de agua

PREPARACIÓN

1. Descongela las obleas para rollitos de primavera.
2. Corta la zanahoria y la col en tiras finas y ralla el jengibre.

RELLENO

3. En una sartén, añade las 4 cucharadas de aceite de oliva y el jengibre. Saltéalo a fuego medio unos 30 segundos.
4. Tras este tiempo, añade la carne picada y ½ cucharadita de sal. Sube el fuego y saltea la carne hasta que quede dorada.
5. Agrega las verduras y cocínalo todo unos 4 minutos para que queden ligeramente crudas.
6. Añade ½ cucharadita de sal, pimienta negra al gusto y la salsa de soja. Saltéalo 1 minuto más y corrígelo de sal.
7. Apaga el fuego y deja que el relleno se enfríe por completo.

MONTAJE

8. Prepara la pasteta mezclando 1 cucharada de harina y 2 cucharadas de agua.
9. Coge una oblea, ponle 2 cucharadas de relleno y monta el rollito (en la siguiente página te lo explico con detalle).
10. Repite este proceso hasta que se termine todo el relleno.
11. Para cocinar los rollitos, puedes freírlos en abundante aceite a 180 °C hasta que queden dorados o hacerlos en la air fryer unos 18 minutos a 190 °C.
12. Acompaña los rollitos con salsa agridulce (página 38) para conseguir el combo perfecto.

- Deja enfriar el relleno antes de hacer los rollitos para que las obleas no se rompan.
- Si no encuentras obleas para rollitos, puedes usar pasta filo. No queda exactamente igual, pero es una buena alternativa.

Cómo dar forma a los rollitos

A la derecha tienes las fotos para ver cómo se elabora paso a paso, y aquí abajo te lo dejo todo explicado con más detalle para que no tengas ninguna duda. ¡Una vez has montado el primero, los demás salen solos!

1. Pon unas 2 cucharadas de relleno en la mitad inferior del rombo (mira la foto, se entiende mejor).
2. Dobla la punta inferior hacia arriba, cubriendo el relleno.
3. Enrolla la oblea hacia arriba hasta la mitad del rombo: verás que se va formando un triángulo.
4. Dobla los dos extremos laterales hacia el centro.
5. Unta un poco de la pasteta de harina y agua en la punta superior.
6. Termina de enrollar la oblea hacia arriba hasta cerrar el rollito por completo.

Estas obleas se secan con mucha facilidad, así que lo mejor es taparlas con un paño húmedo o un poco de film mientras no las uses, así luego no se rompen al doblarlas.

Wontons

Raciones: 4 **Tiempo preparación:** 45' **Tiempo cocinado:** 5'

En casa siempre había wontons en el congelador. Mi madre los hacía en tandas enormes y los guardaba para tenerlos listos en cualquier momento. Me acuerdo de ver cómo les dedicaba horas, y ahora entiendo por qué: una vez los tienes preparados, puedes montarte una sopa o un aperitivo en pocos minutos.

- 1 paquete de obleas de wonton

Para el relleno (de unas 35 unidades):

- 18 langostinos pelados (unos 200 g)
- 2 ajos tiernos
- 10 g de jengibre
- 250 g de carne picada de cerdo
- 1 cs de maicena
- 4 cs de salsa de soja
- 2 cs de aceite de sésamo

1. Descongela las obleas de wonton.
2. Pica los langostinos, los ajos tiernos y el jengibre.
3. Mezcla todos los ingredientes del relleno en un bol y resérvalo.
4. Prepara un bol pequeño con un pelín de agua. Te irá muy bien para sellar los wontons.
5. Sigue estos pasos para montar los wontons y darles forma:
   a. Para cada oblea, pon aproximadamente 1 cucharadita de relleno.
   b. Humedece un dedo en el agua y pásalo por los bordes de la oblea.
   c. Dobla la oblea juntando la punta de arriba con la de abajo, formando un triángulo.
   d. Presiona los bordes para sellarlos.
   e. Une las dos esquinas del triángulo entre sí (las que quedan a los lados) y presiónalas para darles la forma clásica de wonton.

- Puedes comprar las obleas de wonton en cualquier supermercado asiático (están en la sección de los congelados).
- Una vez tengas los wontons listos, puedes cocinarlos en sopa (página 166), con salsa picante (página 170) o fritos y crujientes (página 168). Haz una tanda grande y congélalos: te salvarán más de una comida.

Sopa de wontons

Raciones: 1 **Tiempo preparación:** 2' **Tiempo cocinado:** 5'

Esta sopa me acompaña desde pequeña, y nunca falla. Tiene ese punto reconfortante que solo consiguen los platos de toda la vida. Ideal para los días de frío o para cuando, simplemente, te apetece algo sabroso y familiar.

- 10 wontons (página 164)
- 3 cs de salsa de soja
- 1 cp de aceite de sésamo
- pimienta negra
- agua de cocción o caldo caliente

1. En una olla, calienta abundante agua.
2. Cuando el agua hierva, cuece los wontons 5 minutos, removiéndolos ligeramente para que no se peguen entre ellos.
3. En un bol, pon la salsa de soja, el aceite de sésamo y la pimienta negra.
4. Añade los wontons cocidos y rellena el bol con agua de cocción o un caldo caliente hasta cubrirlos.
5. Mézclalo bien y prueba la sopa. Ajusta el punto de sal o échale un poco más de salsa de soja si lo ves necesario.

Yo suelo hacerla con agua, pero si quieres que tenga más saborcito, puedes usar caldo de pollo o de verduras. Y si te apetece una capa más de sabor, añade un chorrito de aceite de chili o unas gotitas de sriracha.

Wontons fritos

Raciones: 1 **Tiempo preparación:** 0' **Tiempo cocinado:** 5'

Nada como unos wontons bien crujientes y recién hechos. Se doran en cuestión de minutos y quedan con un interior jugoso y sabrosón. Perfectos para un picoteo, y aún mejor si los acompañas con tu salsa favorita.

- abundante aceite para freír
- 10 wontons (página 164)
- salsa de chili dulce o salsa agridulce casera (página 38)

1. Pon a calentar abundante aceite en una sartén y prepara un plato con papel de cocina para escurrir el exceso de grasa.
2. Fríe los wontons durante 4-5 minutos. Dales la vuelta de vez en cuando, hasta que estén bien doraditos por fuera.
3. Sácalos del aceite y colócalos en un papel de cocina para que escurran.
4. Emplátalos con salsa de chili dulce o salsa agridulce. ¡No te olvides de mojar cada wonton en su salsa!

Wontons picantones

Raciones: 1 **Tiempo preparación:** 2' **Tiempo cocinado:** 5'

La salsa de estos wontons tiene ese punto picante y ácido que te hace salivar. Aunque no lo parezca, el secreto está en echarle un ajo crudo rallado, porque le potencia mucho el sabor a todo. Es una de esas salsas que sorprenden por lo sencillas que son… y lo adictivas que resultan.

- 10 wontons (página 164)

Para la salsa:
- 1 cs de salsa de soja
- 1 cs de vinagre
- 1 cp de azúcar
- 1 cp de aceite de sésamo
- ½ cp de aceite de chili (laoganma)
- 1 ajo rallado

1. En un bol, mezcla todos los ingredientes de la salsa hasta que el azúcar se disuelva.
2. Mientras tanto, calienta abundante agua en una olla.
3. Cuando el agua rompa a hervir, añade los wontons y cuécelos unos 5 minutos o hasta que floten. Remuévelos suavemente para evitar que se peguen.
4. Escurre los wontons y viérteles la salsa picante por encima.
5. Si te apetece, puedes añadirles un poco de cilantro fresco o ajos tiernos picados.

Tofu

MENÚ

Katsu tofu

Raciones: 2 **Tiempo preparación:** 15' **Tiempo cocinado:** 5'

Si no eres muy fan del tofu, ¡puede que te enamores de él después de preparar esta receta! Cuando la probé por primera vez, quedé maravillada. El tofu queda jugosito por dentro y bien crujiente por fuera.

- 500 g de tofu firme
- 70 g de harina
- 70 g de panko
- 1 huevo batido
- sal y pimienta al gusto
- 1 dedo de aceite de girasol
- salsa de chili dulce o salsa tonkatsu casera

- Si no quieres freír el tofu, puedes hacerlo en la air fryer unos 15-20 minutos a 190 °C.
- Hay diferentes tipos de tofu, para esta receta te recomiendo el tofu firme. Es más fácil de rebozar y tiene una textura más carnosa.

1. Corta el tofu en filetes de 1,5 cm de grosor aproximadamente.
2. Seca los filetes de tofu por ambos lados con papel de cocina.
3. Salpimiéntalos al gusto.
4. Prepara los ingredientes para empanarlos: coloca la harina en un plato, el huevo batido en otro y el panko en un tercero.
5. Empana los filetes de tofu pasándolos primero por la harina, luego por el huevo batido y finalmente por el panko. Presiónalos ligeramente para que el panko se pegue bien.
6. Calienta 1 dedo de aceite de girasol en una sartén. Fríe los filetes de tofu hasta que estén crujientes y dorados.
7. Corta el katsu tofu en trozos de un bocado, añade una pizca de sal y acompáñalos con una buena salsa. Te recomiendo añadirles una salsa de chili dulce o la salsa tonkatsu (página 42).

crunchy y juicy

Mapo tofu

Raciones: 4 **Tiempo preparación:** 10' **Tiempo cocinado:** 10'

El mapo tofu original es para valientes: bien picante, con ese punto que te deja medio sudando. Esta es una versión más chill (ojo, aún tiene su toque picante, pero es mucho más suave). Lo cocino muchas veces, y siempre en cantidad. Me encanta que sobre, porque al día siguiente está incluso más rico, servido con arroz o con fideos.

- ½ cebolla
- 2 puñados de setas
- 2 dientes de ajo
- 1 trozo de 2 cm de jengibre
- 400 g de tofu
- 200 g de carne picada de cerdo
- un chorrito de aceite de oliva

Para la salsa:

- 1 vaso de agua
- 3 cs de salsa de soja
- 1 cs de maicena
- 1 cs de laoganma

1. Corta la cebolla y las setas en trozos pequeños. Pela y pica finamente los ajos y el jengibre.
2. Mezcla los ingredientes de la salsa en un bol y reserva.
3. Corta el tofu en cubos de 1,5 cm aproximadamente y resérvalo.
4. En una sartén a fuego alto, añade un chorrito de aceite y saltea la carne picada. Rómpela en trozos pequeños mientras la salteas.
5. Cuando la carne esté doradita y no quede líquido en la sartén, añade la cebolla, las setas, el ajo y el jengibre. Saltéalo todo junto 2 minutos más o hasta que la cebolla y las setas se ablanden.
6. Ponlo a fuego medio, mezcla la salsa de nuevo y agrégala a la sartén. Remuévelo todo junto hasta que la salsa espese.
7. Añade el tofu, remuévelo con cuidado para no romperlo, baja un poco más el fuego y cocínalo 3-4 minutos más para que absorba los sabores.

- Si no tienes laoganma, puedes sustituirlo por 1 cucharadita de pimentón picante y una de curry.
- Para esta receta, te recomiendo usar tofu blando, pero si no lo encuentras, el tofu firme también te sirve. Si usas tofu firme, córtalo en cubos más pequeños para que absorba mejor la salsa. Ten en cuenta que, como suelta menos agua que el tofu blando, puede que al final debas añadir un pelín más de agua para que la salsa no quede demasiado espesa.

Sopa de miso

Raciones: 3 **Tiempo preparación:** 2' **Tiempo cocinado:** 5'

La sopa de miso siempre apetece. Se prepara en un momento, pero tiene ese sabor casero que parece que lleve horas cocinándose. El secreto está en el dashi en polvo: tiene ese «no sé qué» que convierte una sopa sencilla en algo muy reconfortante.

- 1 ajo tierno
- 150 g de tofu blando
- 800 ml de agua
- 6 g de dashi en polvo
- 1 cp de alga wakame deshidratada
- 1 cs de miso

1. Pica el ajo tierno y corta el tofu en cuadraditos de 1 cm aproximadamente.
2. En una olla a fuego fuerte, calienta el agua junto con el dashi en polvo, el alga wakame, la parte blanca del ajo tierno y el tofu.
3. Cuando empiece a hervir, baja el fuego y déjalo que hierva suavemente 2-3 minutos.
4. Mientras tanto, disuelve el miso: ponlo en un bol pequeño, añade un par de cucharadas de caldo caliente y mézclalo hasta que se disuelva. Luego, incorpora esta mezcla a la sopa.
5. Remueve la sopa ligeramente y pruébala para ajustar el punto de sal si hace falta.
6. Para terminar, añade la parte verde del ajo tierno y remueve la sopa una última vez antes de servirla.

- El dashi le da un toque muy rico a la sopa, pero si no lo encuentras, puedes sustituir el dashi y el agua por caldo de pollo o de verduras.
- Si no encuentras tofu blando, ¡puedes usar tofu firme, sin problema!

Tofu con soja y miel

Raciones: 2 **Tiempo preparación:** 5' **Tiempo cocinado:** 5'

El tofu tiene mala fama entre quienes no lo han cocinado bien. Pero si lo doras y lo bañas en esta salsa, te aseguro que no te sobrará ni un trocito.

- 275 g de tofu firme
- un chorrito de aceite de oliva

Para la salsa:
- ¼ de vaso de agua
- 5 cs de salsa de soja
- 2 cs de miel
- 2 cs de vinagre de vino blanco
- 2 ajos rallados

1. En un vaso, mezcla todos los ingredientes de la salsa y resérvala.
2. Corta el tofu por la mitad a lo largo, como si prepararas dos filetes.
3. Haz unos cortes superficiales en la parte superior de cada filete para que después absorban mejor la salsa.
4. En una sartén con un chorrito de aceite a fuego fuerte, cocina el tofu por ambos lados hasta que quede bien doradito por fuera. Una vez listo, retíralo y resérvalo.
5. En la misma sartén, añade la salsa que habías preparado y cocínala a fuego medio, ve removiéndola hasta que espese ligeramente.
6. Vuelve a incorporar el tofu y ve dándole la vuelta para que se impregne bien de salsa por ambos lados.

A mí me encanta acompañarlo con arroz blanco recién hecho (página 24). Así puedes aprovechar toda la salsa y no se pierde ni una gota.

Pato y huevos

MENÚ

Pág.

Pato a la naranja

Raciones: 2 **Tiempo preparación:** 15' + 1 h de reposo **Tiempo cocinado:** 20'

¿Quieres quedar bien? Haz este magret. No es una receta exprés, pero tampoco resulta difícil. Y la recompensa es grande: carne jugosa, salsa con ese punto cítrico y dulce… ¡Un plato perfecto para impresionar!

- 1 magret de pato (350-400 g)
- sal y pimienta al gusto

Para la salsa:
- 40 ml de salsa de soja
- 50 ml de agua
- 1 cs de vinagre de vino blanco
- 1 cs de azúcar
- el zumo de 1 naranja
- ralladura de piel de naranja

El tiempo de cocción puede variar en función del grosor del magret y del punto de cocción que quieras darle a la carne. Con los tiempos que te enseño en esta receta, el magret de pato queda al punto.

1. Saca el magret de la nevera y sécalo con papel de cocina. Con un cuchillo afilado, haz cortes superficiales en la piel formando un patrón de cuadrados, sin llegar a la carne.
2. Déjalo reposar a temperatura ambiente 1-2 horas para que se atempere. Este paso es clave para conseguir un punto de cocción perfecto.
3. Una vez atemperado, salpimiéntalo al gusto por ambos lados.
4. Coloca el magret en una sartén fría, con la piel hacia abajo. Cocínalo a fuego bajo 5 minutos para que la grasa se funda lentamente.
5. Súbelo a fuego medio y cocínalo otros 5-7 minutos, hasta que la piel quede dorada pero sin quemarse.
6. Dale la vuelta al magret y cocínalo 4-5 minutos más a fuego medio.
7. Retíralo y deja que repose 5-10 minutos antes de cortarlo.
8. Mientras tanto, mezcla los ingredientes de la salsa en un bol.
9. Limpia la sartén con papel de cocina, añade la salsa y luego cocínala a fuego medio-alto hasta que espese.
10. Corta el magret en tiras finas de unos 0,5 cm de grosor y sírvelo con la salsa por encima.

Pato Pekín exprés

Raciones: 2 **Tiempo preparación:** 15' **Tiempo cocinado:** 20'

No es el pato Pekín clásico, sino la versión exprés, que es divertida y queda muy bien. Me encanta para cenas con amigos, porque lo pones en el centro y cada uno monta su taquito. Pato pa todos, jeje.

- 12 crepes chinas
- 1 magret de pato
- sal y pimienta al gusto
- ½ zanahoria
- ½ pepino
- 1 ajo tierno
- 3 cs de salsa hoisin

Aquí tienes una alternativa casera a la salsa hoisin: mezcla 1 cucharada de crema de cacahuete, 1 de salsa de soja, 1 cucharadita de miel, 1 cucharadita de aceite de sésamo y ⅙ de cucharadita de comino. Si puedes usar salsa hoisin, mejor, pero esta mezcla te sacará del apuro en caso de que no la encuentres.

PREPARA LAS CREPES CHINAS

1. Puedes hacerlas caseras (página 34) o comprarlas ya hechas (están en la sección de congelados de los supermercados asiáticos). Si utilizas unas congeladas, descongélalas con antelación antes de preparar esta receta.

COCINA EL PATO

2. Haz varios cortes superficiales en la piel del magret (sin llegar a la carne). Salpimiéntalo por ambos lados y cocínalo en la air fryer a 180 °C durante 20 minutos. Quedará doradito y jugoso.

PREPARA LOS TOPPINGS

3. Mientras se cocina el pato, corta en juliana fina la zanahoria, el pepino y la parte verde del ajo tierno. Coloca los toppings en un plato y resérvalos. También, deja lista la salsa hoisin en un cuenco pequeño.

CORTA EL PATO

4. Cuando termine la cocción, deja reposar el magret unos 5 minutos. Luego, córtalo en lonchas tan finitas como te sea posible.

MONTA LOS ROLLITOS

5. Sírvelo todo en el centro de la mesa: las crepes, el pato, los toppings y la salsa hoisin. Cada uno puede montar su rollito untando un poco de salsa en la crepe, añadiéndole unas lonchitas de pato y los toppings que más le gusten. Se enrolla y... ¡a disfrutar!

Huevos marinados coreanos

Raciones: 2 **Tiempo preparación:** 10' **Tiempo cocinado:** 6' + 12 h de marinado

Estos huevos marinados se llaman «mayak gyeran» en coreano, que literalmente significa «huevos droga». Y no es casualidad: una vez los pruebas, no puedes parar. Son huevos cocidos con la yema aún cremosa, que se marinan en una mezcla sabrosa de soja, sésamo, ajo y miel. Están buenísimos sobre arroz, en una tostada o solos. Sea como sea, ¡esta receta es eggs-ellente!

- 6 huevos de la nevera

Para el marinado:

- ⅛ de pimiento rojo
- ¼ de cebolla
- 1 ajo tierno
- 3 dientes de ajo
- ½ vaso de salsa de soja
- ½ vaso de agua
- 2 cs de miel
- 1 cs de semillas de sésamo

Cuando hago esta receta, a veces aprovecho para marinar también un par de pepinos cortados en trozos grandes. Quedan crujientes y muy sabrosos. Eso sí, no los cortes demasiado finos, porque podrían absorber demasiada salsa y estar demasiado salados.

1. En una olla, pon abundante agua a hervir. Cuando hierva, baja el fuego a medio-alto, añade los huevos con cuidado y cocínalos 6 minutos y medio.
2. Mientras se cuecen, prepara un bol grande con agua fría y hielos.
3. Cuando los huevos estén listos, colócalos rápidamente en el bol con agua fría para detener la cocción.
4. Por otro lado, corta el pimiento, la cebolla y el ajo tierno en trocitos pequeños y ralla 3 ajos.
5. En un bol, pon todas las verduras con el resto de los ingredientes del marinado. Mézclalos bien hasta que la miel se disuelva.
6. Pela los huevos, colócalos en un táper y cúbrelos con el marinado que acabas de preparar. Usa un táper pequeño o mediano para que el marinado cubra completamente los huevos. Así se marinarán uniformemente.
7. Pon los huevos a marinar en la nevera durante al menos 10-12 horas para que absorban todo el sabor y queden realmente buenos.
8. Estos huevos son muy versátiles: combínalos con arroz blanco, úsalos como sustitutos de los huevos del ramen, o acompáñalos con tofu o carnes para potenciar su sabor. Además, el líquido del marinado es perfecto para añadirle sabor a otros platos.

Salteado de huevo y tomate

Raciones: 2 unidades **Tiempo preparación:** 5' **Tiempo cocinado:** 10'

A este plato le tengo un cariño especial. Mi padre solía preparármelo a menudo de pequeña y era una de mis comidas favoritas. No sé si será por la nostalgia o qué, pero hoy en día me sigue encantando. Me parece una receta muy reconfortante y con ingredientes sencillos. Espero que te guste tanto como a mí.

- 4 tomates
- 1 ajo tierno (opcional)
- 4 huevos
- sal
- aceite de oliva
- agua
- 1 cs de maicena
- ½ cp de curry en polvo

Cuando saltees los huevos, no los cocines demasiado porque, sino, pueden quedar secos. Retíralos cuando estén hechos al 80 %.

1. Corta los tomates en dados de 3-4 cm y pica el ajo tierno.
2. Bate los huevos con ¼ de cucharadita de sal.
3. En una sartén a fuego medio, añade un chorro de aceite y prepara unos huevos revueltos. Retíralos y resérvalos.
4. En la misma sartén, echa más aceite y añade los tomates y ½ cucharadita de sal. Saltéalos 3 minutos o hasta que empiecen a deshacerse.
5. Cuando los tomates estén blanditos, añade ½ vaso de agua, los huevos y el ajo tierno picado. Cocínalo todo unos 3-4 minutos más.
6. Mientras tanto, mezcla ¼ de vaso de agua con la maicena y el curry hasta que no queden grumos.
7. Añade esta mezcla al salteado y remuévelo hasta que la salsa espese.
8. Corrige el punto de sal si es necesario. Te recomiendo acompañar esta receta con arroz blanco (página 24) para disfrutarla tal como la hacía mi padre.

Bueno, bonito,
barato

Sopa de huevo china

Raciones: 4 **Tiempo preparación:** 5' **Tiempo cocinado:** 10'

Esta sopa tiene una textura muy suave, casi como sedosa, y lo mejor de todo es que se prepara en un momento. Es perfecta para aquellos días que quieras algo calentito y reconfortante.

- 1 L de caldo de verduras o de pollo
- ⅓ de vaso de agua
- 2 cs generosas de maicena
- ½ cp de curry
- 2 huevos
- ⅓ de cp de pimienta blanca
- 2 cs de salsa de soja
- 1 cs de aceite de sésamo
- ajos tiernos cortados (opcional)

No subestimes el poder de una sopa recién hecha. Sopla antes de tomarla... porque quema más de lo que parece. (Y sí, lo digo por experiencia).

1. En una olla, calienta el caldo a fuego alto.
2. Mientras tanto, en un vaso mezcla el agua con la maicena y el curry hasta que se disuelvan por completo y no queden grumos.
3. Cuando el caldo empiece a hervir, bájalo a fuego medio y añade la mezcla anterior.
4. Remuévelo constantemente hasta que el caldo espese ligeramente.
5. En un bol aparte, bate los huevos hasta que estén bien mezclados.
6. Vierte los huevos lentamente sobre el caldo caliente mientras mueves el bol en círculos para distribuirlos de manera uniforme por la sopa.
7. Espera 10 segundos y remueve la sopa suavemente.
8. Añade la pimienta blanca, la salsa de soja, el aceite de sésamo y los ajos tiernos.
9. Antes de servirla, prueba el punto de sal y ajústalo si hace falta.

Panes y masas

MENÚ

Focaccia oriental

Raciones: 4 **Tiempo preparación:** 10' + reposo y fermentación **Tiempo cocinado:** 25'

Esta receta está inspirada en los pancakes chinos, que llevan un montón de ajo tierno. Me encanta ese sabor y he querido llevarlo a la focaccia, una masa que tengo bastante por la mano. La receta es muy sencilla: lo único que necesita es paciencia. Si respetas los tiempos de fermentación, el resultado huele y sabe a gloria.

- 3 vasos de harina de trigo
- 1 vaso y ½ de agua tibia
- 2 cp de sal
- 1 cp y ½ de levadura seca de panadería
- aceite de oliva

Para los toppings:
- 3 ajos tiernos
- 2 cs de semillas de sésamo

PREPARA LA MASA

1. En un bol grande, añade la harina de trigo, el agua tibia, la sal y la levadura de panadería.
2. Mézclalo 2 minutos hasta que todos los ingredientes estén integrados.
3. Cubre el bol con papel film y deja fermentar la masa en la nevera durante toda la noche.
4. Al día siguiente, prepara una bandeja de horno con papel vegetal y échale una capa de aceite.
5. Saca la masa de la nevera y colócala sobre la bandeja.
6. Añade un poco de aceite sobre la masa y extiéndelo con las manos. Luego, estira la masa poco a poco con suavidad hasta que tenga un grosor aproximado de 1,5 cm.
7. Cúbrela con papel film y deja que fermente a temperatura ambiente (unas 4 horas en invierno, 2 en verano).

HORNEA LA MASA

8. 30 minutos antes de que termine la fermentación, precalienta el horno a 220 °C con calor arriba y abajo.
9. Corta los ajos tiernos en rodajas finas y retira el film con cuidado.
10. Distribuye los ajos tiernos y las semillas de sésamo sobre la masa y añade un poco más de aceite por encima.
11. Presiona suavemente la masa con los dedos para formar los característicos hoyos de la focaccia.
12. Hornea la focaccia durante 25 minutos o hasta que esté ligeramente dorada.
13. Déjala enfriar sobre una rejilla antes de cortarla.

Focazza

Raciones: 4 **Tiempo preparación:** 15' + reposo y fermentación **Tiempo cocinado:** 30'

La masa de la focaccia también queda increíble como base de pizza. El resultado es una focapizza con una base crujiente y una miga esponjosita.

Esta no es una receta como tal, sino más bien una «no receta»: solo tienes que preparar la masa de la focaccia y añadirle por encima lo que quieras. Te dejaré un par de combinaciones que a mí me encantan, pero de verdad: pon lo que te dé la gana.

Opción 1:
- salsa de tomate
- mozzarella
- beicon
- kimchi (página 26)
- maíz

Opción 2:
- salsa de tomate
- mozzarella
- tomates cherry
- laoganma
- hojas de albahaca

Para elaborar la masa, sigue exactamente el mismo «Paso a paso» que en la receta de la focaccia de ajos tiernos (página 196), hasta justo antes de hornear. La única diferencia es el horneado:

1. Hornea la masa sola unos 20 minutos.
2. Sácala del horno y añádele los toppings que quieras por encima.
3. Vuelve a hornearla unos 10 minutos más, o el tiempo necesario para que el queso se funda y la masa quede bien crujiente por debajo.

Kare pan

Raciones: 8 unidades **Tiempo preparación:** 30' + 1 hora de reposo **Tiempo cocinado:** 10'

Imagina una croqueta gigante con forma de pan y rellena de curry. Por fuera tiene ese crujiente irresistible, y por dentro, un relleno cremoso que huele increíblemente bien. No sé quién lo inventó, pero gracias.

- masa mágica

Para el relleno:
- ½ cebolla
- 1 zanahoria mediana
- aceite de oliva
- 150 g de carne picada de cerdo
- 4 cs de salsa de soja
- 1 cp y ½ de curry en polvo
- 1 cs de harina de trigo
- ¾ de vaso de leche

Para el empanado:
- harina de trigo
- 1 huevo batido
- 1 vaso de panko
- aceite de girasol

También puedes hacerlos en la air fryer. Échales aceite por ambos lados y cocínalos 15 minutos a 180 °C, dándoles la vuelta a mitad de cocción.

PREPARA LA MASA MÁGICA (página 30)

1. Mientras fermenta, aprovecha para hacer el relleno.

HAZ EL RELLENO DE CURRY

2. Pica la cebolla y la zanahoria en daditos pequeños.
3. En una sartén, añade un chorrito de aceite y saltea las verduras unos 4 minutos o hasta que estén blanditas.
4. Añade la carne picada y cocínala desmenuzándola bien.
5. Cuando esté hecha, incorpora la salsa de soja y el curry en polvo. Cocínalo 1 minuto más.
6. Añade 1 cucharada sopera de aceite de oliva y 1 de harina de trigo. Saltéalo 1 minuto para que la harina pierda su sabor crudo, y luego añade la leche a esta mezcla.
7. Remuévela hasta que espese. Deja que se enfríe por completo antes de usarla.

FORMA LOS KARE PAN

8. Cuando la masa haya fermentado, amásala 1 minuto.
9. Divídela en 8 porciones y forma una bolita con cada una.
10. Estira cada bola hasta formar un círculo de unos 12 cm de diámetro y tener un grosor de unos 0,5 centímetros.
11. Coloca 1 cucharada y ½ de relleno en el centro. Cierra el panecillo uniendo todos los bordes, formando una especie de croqueta gigante. Pellizca bien los bordes para sellarlo.
12. Enharina ligeramente cada kare pan para evitar que se peguen a la encimera mientras preparas los demás.

EMPANA Y FRÍE

13. En un plato, bate el huevo, y en otro, vierte el vaso de panko. Pasa cada kare pan por el huevo batido y luego por el panko. Déjalos reposar 5 minutos antes de freírlos.
14. Fríelos en aceite caliente (170 °C) durante 4-5 minutos, hasta que estén doraditos por fuera.

Esponjositos a
más no poder ♡

Raciones: 12 unidades **Tiempo preparación:** 25' + 1h y 20' de fermentación **Tiempo cocinado:** 10'

El pan bao es como una nube blandita. La masa queda superesponjosa y puedes rellenarlo con lo que quieras. Es como una hoja en blanco: le puedes meter algo crujiente, salsas, algo fresquito… Lo que se te ocurra. Todo le queda bien.

- masa mágica
- harina
- aceite de oliva

PREPARA LA MASA

1. Haz la masa mágica (página 30).
2. Mientras fermenta, prepara dos recipientes pequeños, uno con harina y otro con aceite. Corta 12 rectángulos de papel de horno de 8 x 7 cm.
3. Aprovecha también ese rato para preparar el relleno que te apetezca.

DIVÍDELA EN 12 TROZOS

4. Una vez la masa esté fermentada, desgasifícala amasándola durante 3 minutos aproximadamente.
5. Divide la masa en 12 porciones iguales. Para hacerlo más fácil, parte la bola de masa por la mitad, forma dos cilindros de unos 20 cm y corta cada uno de ellos en 6 partes.
6. Forma bolitas de masa. Coge un trozo de masa y aplánalo ligeramente con la mano. Luego, junta los bordes hacia el centro, como si estuvieras cerrando un saquito. Dale la vuelta (la parte lisa debe quedar arriba) y, para redondearla, traza movimientos circulares con la palma de la mano sobre la encimera. Repite este proceso con cada porción hasta obtener 12 bolitas bien formadas.
7. Espolvorea un poco de harina sobre la encimera y las bolitas de masa. No uses demasiada harina, solo la justa para que la masa no se pegue.

DALES FORMA DE BAOS

8. Cubre las bolitas de masa con un paño de cocina para que no se sequen. Luego, trabájalas una a una siguiendo estos pasos:
   a. Estira la masa con un rodillo hasta obtener una forma ovalada de unos 10 cm de largo y 7 cm de ancho.
   b. Pinta la parte superior de la masa con una fina capa de aceite y dóblala por la mitad.
   c. Coloca el bao sobre papel de horno (los trozos que preparaste al principio).
   d. Repite este proceso con cada bolita de masa.
9. Pon los 12 panes bao en una bandeja, tápalos con papel film y deja que fermenten 20 minutos.

COCINA LOS PANES

10. Coloca los panes en la vaporera, dejando un espacio de 2 cm entre ellos.
11. Llena una olla con 2 o 3 dedos de agua y caliéntala hasta que hierva. Cuando hierva, baja el fuego a una potencia media-baja, coloca la vaporera sobre la olla y cocina los panes bao 10 minutos.
12. Apaga el fuego y deja la vaporera sobre la olla, sin destaparla, durante 5 minutos más. ¡Esto es muy importante para que los panes no se desinflen!
13. ¡Receta lista! Rellena los panes bao con lo que más te guste.

¿Cómo recalentarlos?

Estos baos están pensados para comerlos calientes, que es cuando tienen una textura más esponjosa y tierna. Si se enfrían mientras preparas el relleno, no pasa nada: puedes recalentarlos fácilmente en la vaporera o en el microondas.

Si usas microondas, añade unas gotitas de agua y caliéntalos 30 segundos. Así evitarás que se resequen y recuperarán su textura suave.

¿De qué los puedo rellenar?

Les puedes poner lo que quieras, pero yo te recomiendo optar por rellenos con textura (algo crujiente) o que sean bien sabrosos (con salsita), que siempre quedan mejor. Te dejo estas ideas de inspiración:

- Langostinos crujientes con coco (página 120)
- Pollo frito coreano (página 102)
- Cerdo asado chino (página 80)

Acompáñalos con verduras frescas como finas tiras de zanahoria, un poco de ajo tierno o hierbas aromáticas (cilantro, cebollino...). Le dan un contraste fresco que queda muy bien.

¿Qué hacer con las sobras?

Si te han sobrado baos, guárdalos sin relleno y congélalos, no hay problema. A la hora de comerlos, solo tienes que descongelarlos y recalentarlos. Quedarán como recién hechos.

Sándwich de Kimchi

Raciones: 1 **Tiempo preparación:** 2' **Tiempo cocinado:** 5'

El kimchi queda sorprendentemente bien en un sándwich, sobre todo si antes lo salteas. Al calentarse, el ajo y el jengibre sueltan todos sus aromas, y el queso ayuda a suavizar un poco el picante. Pan, kimchi, queso… un combo que funciona de maravilla.

- ¼ de vaso de kimchi
- 1 cp de aceite de oliva
- 1 cp de mantequilla
- 2 rebanadas de pan de molde
- queso rallado al gusto

1. Corta el kimchi en trocitos pequeños.
2. En una sartén grande, añade un chorrito de aceite y saltea el kimchi hasta que pierda casi todo el líquido. Así evitarás que el pan se empape. Una vez salteado, retíralo y resérvalo.
3. Baja el fuego al mínimo, limpia la sartén con un papel de cocina y añádele la mantequilla para que se derrita.
4. Coloca las dos rebanadas de pan en la sartén. Añade queso rallado sobre ambas rebanadas y reparte el kimchi salteado sobre una de ellas.
5. Tapa la sartén para que el queso se funda bien. Ve controlándolo de vez en cuando para que el pan no se queme. Cuando el queso esté derretido, destapa la sartén y deja que el pan se dore por debajo.
6. Junta ambas mitades formando el sándwich, retíralo de la sartén y córtalo por la mitad.

Puedes utilizar el queso y la cantidad que quieras, pero te recomiendo que sea un queso suave y fundente (tipo mozzarella, gouda o emmental). No te recomiendo usar quesos curados, porque son más salados y, como el kimchi ya es bastante potente, le puede dar al sándwich un sabor demasiado fuerte.

Tamago Sando

Raciones: 2 **Tiempo preparación:** 10' + 5' de reposo **Tiempo cocinado:** 12'

Este sándwich de huevo japonés parece simple, pero esconde algo muy especial. El relleno es suave, cremosito y tiene un sabor que te atrapa. Se suele preparar con pan de molde japonés (shokupan), pero si no lo encuentras o dispones de poco tiempo, con un pan de molde normal también queda muy bien.

- 3 huevos grandes
- 1 cp de mostaza
- ¼ de cp de sal
- 1 cs de leche
- 2 cs de mayonesa Kewpie
- 4 rebanadas de pan de molde
- un poco de mantequilla sin sal

1. En una olla con agua hirviendo, cuece los huevos durante 12 minutos.
2. Al terminar, enfría los huevos en un bol con agua y hielo, para poder pelarlos fácilmente.
3. Pélalos, colócalos en un bol y aplástalos con un tenedor hasta obtener una textura uniforme.
4. Añade la mostaza, la sal, la leche y la mayonesa. Mézclalo bien hasta que quede un relleno cremoso.
5. Unta una fina capa de mantequilla en las cuatro rebanadas de pan. Esto ayudará a que el pan no se humedezca demasiado al añadirle el relleno.
6. Reparte el relleno sobre dos rebanadas, por el lado de la mantequilla. Pon más en el centro que en los bordes para que no sobresalga al cerrarlo. Tapa estas rebanadas con las otras dos, de modo que la mantequilla también quede en contacto con el relleno.
7. Coloca un poco de peso sobre los sándwiches (un plato, por ejemplo) y déjalos reposar 5-10 minutos. Esto es importante para que el pan se asiente y que el relleno no sobresalga al comerlo. También puedes envolverlos con papel film y guardarlos en la nevera toda la noche.
8. Quita los bordes del pan, si quieres, y córtalos diagonalmente. ¡Y ya lo tienes!

- Puedes usar mayonesa normal para esta receta, pero si quieres un sabor más auténtico y japonés, la Kewpie es la mejor opción.
- Cuando vayas a untar la mantequilla en el pan, asegúrate de que está a temperatura ambiente, bien blandita, para extenderla fácilmente sin romper el pan.

Dulces

MENÚ

Cinnabao rolls

Raciones: 6 unidades **Tiempo preparación:** 20' + 1 h y 25' de fermentación **Tiempo cocinado:** 25'-30'

Un día estaba pensando en hacer cinnamon rolls... y acabé haciendo baos con canela. ¿El resultado? cinnabao rolls. Esponjosos, dulces y con ese glaseado que te deja los dedos pegajosos (pero gustosos). Un experimento que salió demasiado bien.

- masa mágica
- 30 g de mantequilla atemperada
- 60 g de nata para montar

Para el relleno:
- 60 g de azúcar moreno
- 1 cp y ½ de canela en polvo

Glaseado:
- 40 g de mantequilla atemperada
- 65 g de queso crema
- 80 g de azúcar glas

Para atemperar la mantequilla, sácala de la nevera 1 hora antes para que se ablande. Si se te olvida, ponla en el microondas en intervalos de unos 10 segundos, revisando su estado tras cada intervalo. Debe adoptar una textura de crema, blandita pero sin derretirse.

1. Prepara la masa mágica (página 30).
2. Mientras fermenta, mezcla en un bol los ingredientes del relleno. En otro, tritura los del glaseado hasta obtener una crema homogénea.
3. Tras la fermentación, desgasifica y amasa la masa mágica. Estírala en un rectángulo de unos 27 × 20 cm.
4. Unta la mantequilla atemperada sobre la masa y distribuye el relleno por encima uniformemente.
5. Enrolla la masa desde el lado más largo y forma un cilindro compacto. Con un cuchillo de sierra, corta 6 porciones del mismo tamaño y colócalas en una bandeja de unos 22 x 17 cm.
6. Cúbrela con film y deja fermentar la masa unos 25 minutos. Mientras tanto, precalienta el horno a 180 °C con calor arriba y abajo.
7. Poco antes de que termine la fermentación, calienta la nata en el microondas unos 45 segundos o hasta que esté bien caliente.
8. Retira el film, vierte la nata caliente sobre los rollitos y hornéalos 25-30 minutos.
9. Sácalos del horno y cúbrelos con el glaseado mientras aún están calientes.
10. Deja reposar los rollitos 30 minutos antes de servirlos para que el glaseado se asiente y la textura sea perfecta.

Cookies de sésamo y chocolate

Raciones: 8 unidades **Tiempo preparación:** 40' **Tiempo cocinado:** 14'

Puede que pienses: «¿Salsa de soja?, ¿aceite de sésamo?, ¿en una galleta de chocolate?». Pero créeme, todo tiene sentido. El aceite de sésamo le da ese toque a fruto seco que combina de maravilla con el chocolate, y la salsa de soja le aporta un puntito salado y umami. Jugueteando con las cantidades, di con esta receta, que parece rara, pero funciona. Son unas cookies distintas, pero muy buenas y especiales.

- 100 g de mantequilla sin sal
- 100 g de azúcar moreno
- 100 g de azúcar blanco
- 1 huevo de la nevera
- 1 cs de salsa de soja
- 1 cp de aceite de sésamo
- 160 g de harina de trigo
- 1 cs de maicena
- ½ cp de levadura química
- 2 cs de semillas de sésamo (para la masa)
- algunas semillas de sésamo (para decorar)
- 2 puñados de almendras
- 100 g de chocolate negro

1. En una olla pequeña a fuego medio, derrite la mantequilla hasta que tenga un color dorado y aparezcan pequeños sedimentos marrones en el fondo. Remuévela de vez en cuando y vigílala muy de cerca, porque se quema enseguida. Este paso les da un sabor muy rico.
2. Pásala a un bol grande y añádele el azúcar moreno y el azúcar blanco. Remuévelo 1 minuto para enfriarla un poco.
3. Incorpora el huevo, la salsa de soja y el aceite de sésamo. Mézclalo todo hasta que se integre.
4. En otro bol, mezcla la harina, la maicena, la levadura química y las semillas de sésamo. Añade la mezcla al bol con la mantequilla y el azúcar y remuévelo lo justo hasta obtener una masa homogénea.
5. Trocea las almendras en trozos grandes y el chocolate en pedacitos pequeños. Añádelos a la masa y mézclalos bien para integrarlos uniformemente.
6. Forma 8 bolas de masa redondas y espolvorea unas semillas de sésamo por encima para decorarlas.
7. Mete las bolas en el congelador 30 minutos para que las galletas mantengan su forma al hornearse.
8. Precalienta el horno a 180 °C con calor arriba y abajo.
9. Pasados los 30 minutos, coloca las bolas en una bandeja con papel de horno. Te recomiendo hornear las galletas en dos tandas para evitar que se junten al expandirse. Hornéalas durante 14 minutos o hasta que los bordes estén ligeramente dorados.

Al sacar las galletas del horno, estarán algo blanditas por el centro, pero no te preocupes, se endurecerán al enfriarse. Deja que reposen unos minutos antes de probarlas... ¡si es que puedes resistirte!

Cookies de matcha

Raciones: 8 unidades **Tiempo preparación:** 40' **Tiempo cocinado:** 14'

No hace falta que seas fan del matcha para disfrutar estas cookies. Crujientitas por fuera, blanditas por dentro, con ese sabor a té verde que al principio no sabes si te convence… pero cuando te das cuenta, ya vas por la tercera. Si ya te gusta el matcha, creo que te encantarán. Y si no…, igual acabas cogiéndole el gusto sin darte cuenta.

- 120 g de mantequilla sin sal
- 80 g de azúcar moreno
- 80 g de azúcar blanco
- 1 huevo de la nevera
- 160 g de harina de trigo
- 3 cp de té matcha en polvo
- 1 cs de maicena
- ½ cp de levadura química
- 1 puñado de chocolate blanco picado
- 1 puñado de chocolate negro picado
- ½ puñado de avellanas picadas

Compra un buen matcha para que las galletas queden ricas. Busca uno de «calidad ceremonial», que es más suave y menos amargo.

1. En una olla pequeña a fuego medio, derrite la mantequilla hasta que tome un color dorado y aparezcan pequeños sedimentos marrones en el fondo. Remuévela de vez en cuando y vigílala, ya que se quema con rapidez. Este paso es clave, porque le da un saborcito muy rico.
2. Pasa la mantequilla a un bol grande y añádele el azúcar moreno y el azúcar blanco. Remuévela 1 minuto para enfriarla un poco.
3. Incorpora el huevo y mézclalo hasta que se integre.
4. Agrega la harina, el té matcha, la maicena y la levadura química. Remuévelo lo justo hasta obtener una masa homogénea.
5. Añade los trocitos de chocolate y las avellanas picadas. Mézclalo una última vez para que los ingredientes se integren uniformemente.
6. Forma 8 bolas de masa tan redondas como te sea posible.
7. Mete las bolas en el congelador 30 minutos para que las galletas mantengan su forma al hornearse.
8. Mientras tanto, precalienta el horno a 180 °C con calor arriba y abajo.
9. Pasados los 30 minutos, coloca las bolas en una bandeja con papel de horno. Te recomiendo hornear las galletas en dos tandas para evitar que se junten al expandirse. Hornéalas durante 14 minutos o hasta que los bordes estén ligeramente dorados.
10. Al sacarlas del horno estarán blanditas en el centro, pero no te preocupes, se pondrán más firmes al enfriarse. Aunque desees probarlas enseguida, es importante que reposen y se enfríen un poco antes de comerlas.

Dorayaki

Raciones: 2-3 unidades **Tiempo preparación:** 10' + 30' de reposo **Tiempo cocinado:** 12'

Doraemon tenía mil inventos en su bolsillo mágico, pero si algo le hacía perder la cabeza eran los dorayaki. Y es que lo entiendo: estos pastelitos japoneses son esponjosos, blanditos y entran solos. ¡Qué listo era Doraemon!

- 1 huevo
- 40 g de azúcar
- 1 cp de miel
- 25 g de agua
- 1 cs de aceite de oliva
- 50 g de harina de trigo
- ¼ de cp de levadura química
- crema de chocolate, anko, nata, crema de pistacho… al gusto (para el relleno)

Lo más difícil de esta receta es controlar la temperatura de la sartén. Los tiempos indicados son una referencia. Si los pancakes tardan mucho más en hacer burbujas, sube un poco la potencia del fuego. Si las burbujas aparecen demasiado rápido, baja un poco la temperatura.

1. En un bol, mezcla el huevo, el azúcar, la miel, el agua y el aceite de oliva. Bátelo todo hasta que quede bien integrado.
2. Agrega la harina y la levadura química. Remuévelo hasta obtener una masa homogénea.
3. Deja reposar la masa 30 minutos. Este paso es clave para que los pancakes queden bien esponjosos y húmedos.
4. Una vez que la masa ya haya reposado, calienta una sartén antiadherente a fuego medio-bajo durante 5 minutos. Añade unas gotas de aceite, distribúyelo y retira el exceso con papel de cocina.
5. Cocina los pancakes de uno en uno:
   a. Vierte unas 2 cucharadas de masa por pancake, formando un círculo de unos 8 cm.
   b. Cocina un lado hasta que aparezcan burbujas en la superficie (1 minuto y 20 segundos aproximadamente).
   c. Dale la vuelta y cocínalo 30 segundos más.
   d. Repite el proceso hasta que se termine toda la masa.
6. Coloca el relleno que más te guste en el centro de un pancake (crema de chocolate, nata, anko...). Deja los bordes libres de relleno y ciérralo poniéndole encima otro pancake; debes presionar suavemente los bordes con los dedos.
7. Disfruta los dorayakis a temperatura ambiente o fríos de la nevera.

Tostadas estilo Hong Kong

Raciones: 2 **Tiempo preparación:** 5' **Tiempo cocinado:** 10'

Esta receta es un clásico de las cafeterías de Hong Kong: una especie de tostada francesa rellena, parecida a una torrija pero menos empapada y, normalmente, frita en aceite. Lo típico es rellenarla con crema de cacahuete, pero yo últimamente uso crema de pistacho… y queda increíble. Además, en vez de freírla, prefiero hacerla en la sartén con mantequilla: más fácil e igual de rica.

- 1 huevo
- ½ vaso de leche
- ⅓ de cp de canela
- 4 rebanadas de pan de molde
- crema de pistacho al gusto
- 20 g de mantequilla
- 2 cs de leche condensada

Si no tienes crema de pistacho, puedes utilizar crema de cacahuete o de chocolate.

1. En un plato hondo, mezcla el huevo, la leche y la canela. Bátelo todo hasta que quede bien integrado.
2. Unta dos rebanadas de pan de molde con crema de pistacho y ciérralas con otras dos rebanadas para formar los sándwiches.
3. Calienta una sartén a fuego medio y añade la mantequilla. Deja que se derrita por completo.
4. Empapa los sándwiches por ambos lados en la mezcla de huevo, leche y canela (unos 10 segundos por cada lado).
5. Cocina los sándwiches en la sartén hasta que estén bien dorados por ambos lados.
6. Sirve cada sándwich con 1 cucharada de leche condensada por encima. Doraditos por fuera, cremosos por dentro… ¡Un auténtico vicio!

Mochi brownie

Raciones: 4 **Tiempo preparación:** 10' **Tiempo cocinado:** 50'

Este mochi brownie es una mezcla entre un brownie clásico y un mochi japonés. Lo más guay de la receta es la textura: densa, chewy y muy distinta a la de cualquier brownie normal. Y, como bonus, no lleva gluten, así que si buscas un postre diferente (y sin gluten), aquí tienes una opción muy guay.

Ingredientes húmedos:

- 80 g de chocolate negro 85 %
- 40 g de mantequilla sin sal
- 1 huevo de la nevera
- 250 g de leche

Ingredientes secos:

- 110 g de harina de arroz glutinoso
- 120 g de azúcar
- 1 cs de cacao desgrasado
- 1 cp de levadura química
- 1 cp de café instantáneo
- una pizca de sal

1. **Precalienta el horno con calor arriba y abajo a 180 °C.**
2. **En un bol, derrite el chocolate negro con la mantequilla al baño maría. Cuando esté todo bien fundido, retíralo del fuego y déjalo enfriar un pelín.**
3. **Mientras tanto, mezcla todos los ingredientes secos en otro bol.**
4. **A la mezcla de chocolate y mantequilla, añade los ingredientes húmedos que faltan y remuévelos bien.**
5. **Incorpora los ingredientes secos a la mezcla húmeda y remueve hasta obtener una masa uniforme.**
6. **Vierte la mezcla en una bandeja pequeña (tipo 12 × 18 cm) y forrada con papel de horno.**
7. **Mételo en el horno unos 45 minutos. Ojo, que el tiempo puede variar un poco según el tamaño del molde, así que échale un vistazo hacia el final.**
8. **Cuando el mochi brownie esté listo, sácalo del horno, espolvoréale un poco de cacao en polvo por encima y deja que se enfríe.**

Me encanta este mochi brownie porque puede cambiar de sabor y textura en función de cómo lo tomes: caliente, a temperatura ambiente o frío de la nevera. También puedes congelarlo y recalentarlo al microondas 1 minuto para que vuelva a estar como recién hecho.

Pastel de fresas y nata

Raciones: 4 **Tiempo preparación:** 15' **Tiempo cocinado:** 25'

Este pastel de fresas y nata se lo dedico a Marco, el editor del libro, ya que sé que es muy fan. En Japón lo llaman «shortcake», y aunque la versión original es algo más elaborada, yo he preparado una versión hipersimplificada para que hasta Marco (y cualquiera) pueda hacerlo en casa. Es ligero, fresquito y superfácil de montar.

- 125 g de harina de trigo
- 100 g de azúcar blanco
- 2 cp de levadura química
- ¼ cp de sal
- 70 g de mantequilla sin sal
- 110 g de leche

Para los toppings:
- ½ vaso de nata para montar fría
- 1 cs de azúcar
- 8 fresas

1. Precalienta el horno a 180 °C con calor arriba y abajo.
2. Engrasa un molde redondo de unos 18 cm de diámetro.
3. En un bol, mezcla la harina, el azúcar, la levadura y la sal.
4. Derrite la mantequilla y mézclala con la leche. Añade esta mezcla a los ingredientes secos y remuévelo hasta que no queden grumos.
5. Viértela en el molde engrasado y hornéala 25 minutos o hasta que al pincharla con un palillo salga limpio.
6. Cuando el bizcocho esté listo, sácalo del horno y deja que se enfríe por completo. Este paso es importantísimo para que la nata no se derrita.
7. Monta la nata con el azúcar. Tiene que quedar firme. Al darle la vuelta al bol, no debería caerse.
8. Lava las fresas, sécalas completamente, quítales el tallo y corta cada una en cuatro partes.
9. Una vez el bizcocho se haya enfriado por completo, añade una capa generosa de nata por encima y reparte las fresas.

- Deja que el bizcocho se enfríe por completo antes de montar el shortcake. Si no se enfría, la nata puede derretirse y cambiar la textura del bizcocho, arruinando el resultado. ¡Paciencia!
- Si te apetece darle un toque diferente, añade ralladura de limón por encima de las fresas. Le da una pincelada fresca que queda genial en este pastel.

mmm, cremoso
y matchoso

Tiramisú de matcha

Raciones: 2 **Tiempo preparación:** 15' **Tiempo de reposo:** 6-12 h

Este tiramisú de matcha es el típico postre en el que empiezas probando una cucharadita… y el bol se vacía en 5 minutos. No lleva café ni alcohol, así que puedes comértelo sin remordimientos a cualquier hora. El toque amargo del té verde y la cremosidad del mascarpone forman una pareja increíble. Ya verás que te gusta matcha. Perdón, mucho, jeje.

- 3 yemas de huevo
- 45 g de azúcar
- 250 g de queso mascarpone
- 50 g de queso crema
- 3 cp de té matcha en polvo
- ¾ de vaso de agua caliente
- 6 bizcochos de soletilla

En cualquier receta con matcha, la calidad del té se nota mucho. Aunque sea solo para un postre, te recomiendo usar un buen matcha (si es de calidad ceremonial, mejor). El sabor cambia por completo y vale mucho la pena.

1. En un bol grande, bate las yemas de huevo con el azúcar durante 2 minutos o hasta que la mezcla se vuelva blanquecina y cremosa.
2. Añade el mascarpone y el queso crema. Bátelo hasta que todo quede bien integrado y resérvalo. A esta mezcla la llamaremos «crema base».
3. Disuelve el matcha en polvo en el agua caliente.
4. En un recipiente pequeño (de unos 15 cm), monta el tiramisú por capas: primero, una de crema base; luego, una de bizcochos de soletilla remojados en té matcha; otra de crema, etc. Cuando sumerjas los bizcochos de soletilla en el té matcha, no los dejes mucho tiempo. Si absorben demasiado líquido, pueden quedar blandengues.
5. Repite el proceso hasta terminar la crema base (asegúrate de que la última capa sea de crema).
6. Tapa el recipiente y deja que repose en la nevera al menos 6 horas.
7. Tras el tiempo de reposo, espolvorea té matcha en polvo al gusto por encima del tiramisú para decorarlo, y sírvelo.

El equipato

COQUI

Es la cabeza pensante de todas las recetas. Está feliz con el libro, aunque sospecha que ha envejecido siete años en el proceso.

IVI

Ha convertido las notas caóticas de Coqui en recetas entendibles y claras. Pobre… Se ha leído el libro más veces que nadie.

MERY

Es la testeadora oficial. Ha cocinado y probado todas las recetas para comprobar que funcionan. Si algo no está rico, ya sabes a quién mirar.

IRIS

Apoyo moral, presencia adorable y jefa emocional del equipo. No cocinó, pero vigiló cada paso desde su camita.

MARCO

El culpable de todo. El que dijo «chicos, tenemos que hacer este libro» y no paró hasta convencer a todo el mundo.

ALBA

La fotógrafa que capturó cada plato... ¡embarazada! Hacía clic con una mano y se acariciaba la barriga con la otra.

BEA

La estilista de los platos. Si ves una foto y piensas «esto está demasiado bonito», es cosa suya. Usa pinzas, pinceles y poderes ocultos para que los fideos queden mejor que tu pelo.